乔峰·健安体系丛书

险境求生

截拳道防刀训练指南

李永坤 主编

人民体育出版社

编 委 会

免责声明

本书所涉及的技法训练有一定危险性，实践者当使用模拟刀具进行技术练习，如果条件许可，请在有经验的老师的指导下完成训练进度。在训练过程中，实践者任何不当操作引发的伤害事故与本书无关，特此声明。

献　辞

谨以此书献给：

截拳道创始人一代武学宗师李小龙先生；

嫡传截拳道中国公开研讨会先河开创者理查德•巴斯蒂罗师傅；

所有热爱生活、尊重生命的人们！

左起：屠海荣 乔峰

理查德•巴斯蒂罗师傅

（1942.1.28—2017.3.30） 张杰

2009年5月中国首届国际截拳道公开研讨会上与王文杰先生接受理查德•巴斯蒂罗师傅褒奖后合影

序 言

武术可以陶冶人的情操，强健人的体魄，磨砺人的意志，更能够防身自卫。自古至今不乏喜好者、追求者，而今各种武术技艺蔚为可观。更有很多精于此道者，著书以扬，阐发其奥，供爱好者研习，是可敬也。

乔峰先生便是其中一位，是国内研究截拳道颇有成就的一位，多年来致力于截拳道的学习、研究和传播，著有大量的有关截拳道的书籍。他不仅专于截拳道，近些年还不断地学习传统武术，从中汲取营养，丰富和提高自己，在武学的道路上不断前进。适逢其新书《险境求生 截拳道防刀训练指南》出版，其对于刀的理法、练法、运用之法都有独到的见解和体认，是当前各类武术书籍中在此方面的力作，值得喜好武技的朋友关注。此刀法不同于一般意义上的器械使用，传统武术中的器械由于多种原因基本失去其实用价值，而专注器械的技击在当今也不多了，所以这本书的出版极有价值。对于武术爱好者、研习者了解掌握刀的知识有很好的作用，对于普通人而言也是大有帮助的，只有了解认识才能有所应对，知己知彼，胜于无知。

时在新岁，此书能一纸风行，必然可期。

谭全胜

2012年2月20日 于合肥

谭全胜先生——中国当代著名的心意六合拳家

前 言

空无以求全

截拳道的根本特征之一就是实用性，即其技战术能够最直接地被实践者应用到实际的自卫防身中去。那么一个没有经过全面深入的手搏、械斗训练的人，能不能在不可避免的街头暴力冲突中做到自保呢？我们虽然不能主观地说，没经过系统搏击训练的人就一定不能脱身，但是，这种情况对于没有经历过自卫训练的实践者来说并不乐观。

从本质上说，竞技搏击训练与自卫术是两个相互交叉却又不完全对等的概念，两者各有侧重点。竞技搏击训练注重的是对实践者技术的培养与特质的提高，目的多在于竞技对抗中的胜出；自卫术则更注重于实践者对暴力冲突实际应变能力的塑造，目的只在于险境逃生。截拳道自卫术既是截拳道概念，也是原始截拳道的必要组分部分，与截拳道手搏、械斗板块一样极具相对独立性，它们之间不存在相互替代的可能性。当然不可否认的是，三者间具有相互的协同作用。

现实生活中的街头暴力行为，多是犯罪分子持械作案。在西方一些国家，比如美国，持枪械、刀具防身被其法律认可，使得武器在这样的社会上泛滥，更多的暴力冲突表现为街头“枪战”与“械斗”。基于这个原因，包括具有截拳道概念背景出身的知名教练保罗•弗耐克、凯利•麦肯、欧内斯特•艾默生等在内的许多安全自卫专家，纷纷制定了相应的防枪、防刀的自卫技术体系，以应对真实的街头械斗，减少实践者在冲突中的伤亡。在国内，由于公安机关对枪械管制特别严格，“枪击案件”的发生概率特别低。相对来说，持刀特别是持短刀行凶的案件最为常见，这是因为短刀兼具易于获得、便于隐藏携带、杀伤力极强等多方面的优势。正是针对国内“刀案”非个案的现象，我们把截拳道自卫术的格局重点转移到防御短刀这个专题项目上来。

街头冲突中用得最多的武器就是短刀，短刀沾身即伤的特性，决定了其非死即伤的作战风格，如何防御短刀攻击是最现实的一个防身自卫话题。这正是本书的根本内容所在。

客观地讲，迄今为止，中国所公开出版的武术图书中还没有一本真正全面深入的防短刀著作。见诸一些武术或自卫书籍中“现存”的传统武术的防御短刀技术多以零星内容散布于书内，由于这些技法的成功实施是以经历手搏、械斗全面深入训练为前提，所以可以定性传统武术的防刀术当属于末技。换言之，防刀技术不是当前传统武术训练的重点所在。再则，国内还有一些武术人士对徒手防御短刀攻击存有偏见，认为这无异于拿着鸡蛋碰石头，自取灭亡，所以他们极力否定徒手对刀的效果。事实上，这种观点是对人类自身生命的一种漠视。当歹徒持刀攻击无路可逃的你时，莫非要伸着脖子等着对手来宰割？对于任何头脑没有问题的人来说，是选择坐以待毙还是选择奋起反抗？答案不言而喻，你懂的！正所谓“清空你的杯子，方能再行注满！”

本书从现实生活角度出发，以李小龙截拳道概念为基础理念，在吸收传统武术与现代武术精华的基础上，借鉴国外先进的安全防卫技理与经验，从理论到技术，从训练到应用，对涉及相关自卫防刀这个主题的方方面面的内容，本着“训练服务于现实运用”的原则进行了深入浅出的讲解与示范。最为突出的是，本书从短刀攻击形式入手，把表象千差万别的攻击性招术进行了科学的分门别类，以模式化的应对形式对不同类别的短刀攻击进行区别防御，从而简化了纷繁复杂的防刀招式，缩短了训练时间，提高了训练效率。如此，将截拳道“精简、实用、高效（非传统）”的理念体现得淋漓尽致。同时，从事物发展的角度来说，截拳道防刀自卫体系的形成正是截拳道自卫技应时而变的必然结果。这是完全符合不断更新、不断完善的截拳道概念理念的！

《险境求生　截拳道防刀训练指南》当是一本观点新颖、内容全面、适于指导习练的防刀自卫训练手册。本书适用于亟待提高安防意识的广大普通民众，军、警、安保专职人员，菲律宾刀棍爱好者，截拳道概念爱好者，冷兵爱好者，自卫术爱好者及其他武术爱好者研究者等群体参阅、研习。最后，衷心祝愿这本书能给读者带来好运。

由于本人水平有限，书中难免存在一些不足之处，恳请广大读者批评指正。

乔峰

二零一七年三月

目 录

第一章 防刀须知

在具体地讨论实际的防刀技术与战术之前，首先有几点必要的忠告或者说是建议给广大读者。从根本上讲，这些内容是实践者自卫防刀成功的前提所在，没有这些前提的贯彻实施，也就没有成功防卫刀具攻击的可能性。

第一点，也是最重要的忠告，如果可能，请尽量逃避刀战。

对抗对手持刀攻击，是械斗最为突出的一项组成部分。防刀乃至械斗的第一规则是在自身不具优势的情况下，如果能够逃避持刀冲突，就一定不要参与。锋利的刀具是最危险的街头冷兵，如果你同一个持刀的对手陷入实际的打斗，那绝对是一件异常危险的事情。即使自己也是冷兵在握，如果没有经过专门严格的持械格斗训练，那么械斗的结果往往是不容乐观的。即便最后自己取得胜利，往往可能也是以全身“中彩”为代价的。所以请牢记，在生死攸关的情况下选择逃避绝非“丢人”“丢面子”的事，保全性命才是最紧要的。相对而言，走而避之是自卫防身最明智的也是最理想的战略战术——对方接触不到我们，也就不能直接伤害到我们！！！

需要说明的是，本书所涉及的所有技战术内容都是基于这个“不得已而为之”的假设前提，即针对实践者在无法回避或脱离械斗的情形下而设定的。

第二点，在心理上要有“挨刀”的准备。

在现实的械斗中，如果实践者事先在心理上有受伤的思想准备，一旦真的被对手的刀所伤，在极短时间内能够克服伤害带来的心理紧张与恐慌，这样就不至于影响后续的打斗。相反地，如果实践者没有“挨刀”的心理准备，当真的被对手的武器攻击到的时候，其在心理上会是相当被动的。心理上的被动与身体上的伤痛共同作用，直接影响后续对抗中技战术的发挥，使实践者陷于越来越被动的状态。

另外，还需要注意的是，如果你没有深谙短刀技法，外出最好不要带刀防身。以防自卫中弄巧成拙，自己的短刀为对手所用。

第三点，现实冲突中的持刀争斗并非单纯用刀。

自卫没有任何规则可言，其最根本的目的就在于保命与逃生。只要能够从危境中幸免于难，任何武器、任何技战术、任何手段都是可以实施的。请牢记，保全生命没有高尚与卑鄙的区别。

尽管持刀打斗从字面被定义为以刀具作为主体武器进行攻防格斗，但在自卫中，实践者不能单纯专注于手中的武器而忘了手、脚、肘、膝等自身肢体武器的适当运用。比如，非持械手（也称活手）不但可以用于格挡、抓拿、控制等防御，还可用多种多样的攻击形式来制造对手攻防上的疏漏，为后续短刀的进攻做铺垫。再比如，实用的腿法可以用来创造、维持对抗双方间的距离，从中获取短刀寻隙而入的攻击空档；或者通过对对手下盘实施大力腿法致对手倒地，从而使对手处于劣势。总之，包括短刀在内的任何冷兵器都不能完全替代肢体武器。

第四点，攻击是最好的防御。

在自卫之始，我们应该尽可能在意识与行动上争取主动。不要一味地充当防御角色，等着对方攻击而后再采取反击行动。后发制人是平时训练的主题特色（日常尽可能做高难度训练，实际的具体运用会更轻松一些），但运用起来却是高手的专利，作为普通民众，限于现实环境，只有在不得以的情况才为之。最有效果的防御应该是尽量抢在对手对你发动侵害之前攻击他！当我们作为守法公民面对持刀对手，而且无路可逃时，这种情形下即便对手没有再做深入攻击，仅仅是以刀相逼迫，也绝对是对你生命的一种威胁。无疑，作为自卫一方的你应有充分理由抢在对手之前先发制人的。

在中国传统武术谚语中，有“先下手为强”之说。在械斗自卫当中，如果能够做到“先下手”，那么在攻防时机、位势及精神气势等方面都会占据相当的优势，如此则有利于化被动为主动。相反，草率地防守与一味地退却只能助长对手的攻击气焰，使自已的处境越来越糟糕。

第五点，“得手”之后不“留手”、不“留情”。

在现实的自卫中，特别是在短刀的械斗中，特别是在装备上处于劣势的实践者在攻击到对手的时候，一定要记住，这之后务必接续对对手的连续攻击，千万不能在自己用单纯的一次攻击或防御技术令对手受伤或受挫后就停下来。否则，对手极有可能重新调整位势，再做更加猛烈的二次攻击。所以，实践者一旦抢先攻击对手到位，就一定要借此优势做连续不断的攻击，直到对方完全失去攻击的能力、“认输”或逃离为止。借用鲁迅先生的话，这就叫“痛打落水狗”。

自卫术的本质更倾向于以暴制暴，只有实践者的暴力大于侵略者的暴力的时候，才有可能战胜对手。实践者成功地战胜侵略者，从一定意义上说，就意味侵略者的伤、残与死亡。在现实的防刀过程中，如果实践者该下手时不下手，该重击时不重击，就无异于将自己的生命双手奉献给对手。这种对侵略者心慈手软的源头除了实践者心地善良的本性外，还有一个重要因素即惧于承担伤害他人的法律责任。根据我国《刑法》第二十条规定，为使国家、公共利益、本人或者他人的人身、财产和其他权利免受正在进行的不法侵害，而采取的制止不法侵害的行为，对不法侵害人造成损害的，属于正当防卫，不负刑事责任；其中第3款规定："对正在进行行凶、杀人、抢劫、强奸、绑架以及其他严重危及人身安全的暴力犯罪，采取防卫行为，造成不法侵害人伤亡的，不属于防卫过当，不负刑事责任。"这是我国《刑法》为了鼓励民众同暴力犯罪作斗争，扼制严重犯罪，稳定社会治安，有效保护合法权益而作的无限防卫的规定。在西方，有一句反映了欧美人的自卫求生观念的话——"我宁愿由十二个人组成的陪审团来审判我，也不愿意自己躺在棺材里让六个人来抬"。此话具有普遍的适应性，值得每个热爱生命的人思考与借鉴。只要是想在险境中活下来的人，就应该在自卫中不折不扣地执行贯彻这个求生理念。但是，在防卫者占有优势的情况下，如果可能，则应该原则性地选择一些擒锁类非一击致命技法来控制对手，或者选择一些非致命的人体要害作为攻击目标，消磨对手的战斗力，最终让对手失去侵害他人的能力。实践者一定要注意，自卫防身不是以剥夺对方性命为手段为目的的，对持刀歹徒做连续攻击并非意味着持久作战。一旦条件允许，有脱离战事的出口出现，三十六计还是走为上。

第六点，练时多流汗，用时方能少流血。

平时多流汗，战时少流血。技术的掌握与强化需要科学合理的训练才能达到，对于防御短刀攻击的训练，实战对抗练习最为重要，这当中需要一些必要训练器材。使用训练器材有两个主要的目的：一是保障训练人员的人身安全，防止意外事故发生；二是提高训练效率。防御短刀训练中常常用到以下器具。

训练用刀，用于训练的刀具主要有橡胶刀具、木质、塑质或锋刃极钝的金属刀具及真实短刀（图1-1 ~ 图1-4），特别是模拟刀具不可或缺。

图1-1

图1-2

图1-3

图1-4

训练护具，如果经济实力允许的话，可以购买包括头盔（图1-5、图1-6）等在内的整套全身性防护用具。在条件不具备的情况下，可单独用头盔或护目镜（图1-7）及护腕（图1-8）配合去繁就简地用于约束性的模拟实战训练。

图1-5

图1-6

图1-7

图1-8

在进行防刀对抗训练之前，请一定购置或自行制备相应的训练用刀与护具。

截拳道概念语录节选——

欲真正了解截拳道，一个人必须能舍弃一切形式与派别，甚至也犹需抛却何者是、何者不是所谓的截拳道之念头。截拳道是无任何形式的，也可以是任何形式的，因其是无派别的，亦可适于任何派别。截拳道能运用各门各法，不为任何限制所限，它善用一切技巧，而一切手段均为其所用。抛弃尽陈腐老不灵的技巧，方可有整注与自由灵活的运用；抛弃思想教条之偏限，让思想不为思想所左右，不为外物所诱。

第二章　刀攻述要

动作示范：张释文（内蒙古呼市）
李　硕（河北沧州）

实践者要想在现实冲突中有效地抵御短刀攻击，首先应该尽可能全面地了解短刀攻击技术，然后再对这些攻击技术做有针对性的应对练习。本章主要是介绍短刀攻击方面的常识与常用技术，并且对这些内容进行汇总与分类，便于实践者防刀技战术的定制及训练。

第一节　短刀的携带、出刀与把持

短刀类别众多，大致可以划分为折刀、直刀、弹簧刀、蝴蝶刀等。由于不同类型的短刀在形制与结构上有所不同，其在随身携带与出刀上也存在不同的形式。如果需要把短刀长时间带在身上，最常见的形式就是把短刀插于腰间、放入裤袋、悬于胸前或背后及绑缚于小腿或置于鞋靴之内；如果只是临近使用前的藏匿，可以直接将短刀握于手中置于臂后、身侧或背后，当然也可以把短刀直接插于腰后。

短刀的种类与携带方式的不同，造成了出刀形式的千差万别。所谓出刀就是指把短刀从隐蔽状态变换到直接面向对手的过程。但是无论什么样的出刀方式，都应以方便短刀抽拔与利于攻防技术发挥为前提。那么如何才能做到方便短刀抽拔与利于攻防技术发挥呢？答案其实很简单，就是出刀要因形就势。最佳的出刀就是用拔刀动作直接启动攻防技术，将短刀的抽拔与实施攻防技法间的断点去掉。

无论什么类型的短刀与何等方式的出刀，除了“飞刀”即脱手刀外，大多数情况下，都需要实践者用刀不离手的形式加以全程控制，来完成攻防技法的实施与运用。

短刀的把持是实践者使用短刀所需要掌握的最基本的常识。短刀的把持是否合理，不但直接决定了其攻、防技术实际发挥的效果，还影响到持刀手在触物攻防瞬间能否做到最大限度地自我保护。合理的持刀形式有利于缓冲得手时所产生的朝向使用者自己的反作用力。

短刀的把持总体可以分划为两个大的类别，即正手持刀与反手持刀。

所谓正手持刀就是指手握刀时刀尖的方向在虎口端。此类把持又以锤握式（图2-1）、拇指辅助式（图2-2）、食指伸展式（图2-3）、食指拇指并展式（图2-4）为主体形式，其中尤以锤握式与拇指辅助式最为常用。

图2-1

图2-2

图2-3

图2-4

所谓反手持刀就是指手握刀时刀尖的方向在小指端。此类把持又以冰锥式（图2-5）与拇指辅助的冰锥式（图2-6）最为常见。

图2-5

图2-6

相对而言，正手把持短刀在攻击距离上占有一定优势，而反手把持短刀则可以藏刀于身后便于发动突袭。另外，实际运用时，不同的短刀由于形制的不同，势必对其具体的把持方式有不同的影响或限制。现实中具体问题我们需要具体对待，绝不能生搬硬套。

第二节　持刀姿势

最基本持刀对敌姿势与拳击预备姿势大形类似。两者的不同在于，持刀对敌姿势需要实践者强侧前置，即要把自己身体最有力、最听使唤的一侧朝向对手，说白了就是持刀手身体那一侧对敌；再就是两手放得要低一些。这种对敌姿势不但赋予了短刀实践者更广泛的攻击范围，而且有利于短刀与其他肢体武器更合理地联合运用。请牢记，持刀作战并非以短刀作为攻防的唯一武器，胜负更取决于整体武库的协调配合。

一、低置势

双脚并步站立，右手拇指辅助式正手持刀。假设对手站在你的面前，实践者右脚向前进一步或者左脚向后退一步，两脚间距大约与肩同宽。身体稍稍向左转体，双腿膝关节微屈，前脚稍稍内扣，后脚即左脚的脚跟稍稍提起，重心前后脚平均分配（重心稍靠前或稍靠后都不为过，只要不极端就成）。持刀手贴近身体，大体位置在浮肋上下，切勿展臂伸出体外，以防被对手抢先攻击到。含胸拔背，左臂屈肘竖起于身体左侧，其前臂外侧朝前，左手或以虚握拳的形式置于腮左前。下颌微收，同时右肩略上耸。

由于持刀手放置的位势较低，所以我们把这种持刀姿势定名为低置持刀敌对姿势，简称低置势（图2–7~图2–9）。

图2–7（正面）

图2-8（右侧面）

图2-9（左侧面）

二、前置势

相对于低置持刀对敌姿势而言，在实际的械斗中，实践者也可以把短刀置于自己身体中线的前面。这样做既能够在自己体前添加一道防御对手攻击的屏障，也便于直接从这个位置向对手中线发动攻击，这就是所谓的守中用中。但需要注意的是，持刀手肘不能过度前伸与外展，以防对手的“杀手”攻击即顺势抢攻你的持刀手臂。

图2-10（正面）

我们把这种短刀放置到身体前面的格斗势定名为前置持刀对敌姿势，简称前置势（图2-10~图2-12）。

图2-11（右侧面）

图2-12（左侧面）

对普通人而言，这两种持刀对敌姿势是最常见的，也是最基本的持刀对敌姿势。如果你是左撇子，那么请将上述持刀姿势相应的镜像作为适合自己的持刀对敌姿势。需要说明的是，本书所涉及的技术内容如果没有特殊说明，均为实践者右手持刀进行攻防。

在持刀对敌姿势的训练与运用中，以下三点内容需注意：

（1）要做到松而不懈。“松”即身体适度放松，“不懈”是指思想意识不懈怠。身体的适度放松有利于维持节省体力，提高反应速度及动作灵敏度；思想上的警觉则利于洞察对手的攻防意图。

（2）持刀对峙并非“死站”，动态对敌才是根本。在对峙过程中，用“动”来迷惑对手，同时也利于自己肢体的放松。

（3）通常而言，与敌对峙应尽量做到持刀手前置，不能把自己持刀手那一侧身体放到后面。持刀手前置更利于把短刀作为主体武器，以发挥其突出的攻防作用。但是也有例外，在实施“藏刀”策略突然发动攻击前，实践者持刀手后置绝对无可非议，示范动作如图2-13、图2-14所示。另外，在双方均持刀对抗的时候，如果自己的非持械手握有便利坚韧的防护物的时候，也完全可以将短刀置后的。

图2-13

图2-14

第三节　步法移动

在持刀对抗过程中，实践者需要用步法调整敌我之间的位势，以期占据有利的攻防位置与角度，闪避对手的攻击，或发动对对手的攻击。区别于徒手作战，由于冷兵能够弥补使用者的体力或功力的不足，持械作战的步法移动目的重在得手，而非发力。当然，如果把徒手格斗中的完整“后驱逆行”式的推步运用到持械格斗中，得手与发力并重，那是再好不过了。

在持刀作战中有三类基础步法模式需要掌握，一是四方基本位移（直线），二是三角形位移（折线），三是旋转类步法（曲线）。实践者可以通过对这三类步法复合衍化出更为复杂多变的步法。

一、四方基本位移

四方基本位移类似于拳击中的前、后、左、右移动步法。这类步法模式的运动规则是，实践者想朝哪个方向移动，就首先移动在那个方向的脚，然后另一只脚随即做相同方向的移动。此过程中，两脚移动的距离相等。脚步移动的方式多以脚离地滑动而行常见，但也可以做脚离地式迈进，没有硬性要求。

1. 前移步 由持刀对敌姿势开始，前脚（右脚）向前移动大约一脚长的距离，后脚随即向前跟进一脚长距离，动作到位时保持持刀对敌姿势不变（图2-15~图2-17）。

图2-15

图2-16

图2-17

2. 后移步　由持刀对敌姿势开始，后脚（左脚）向后移动大约一脚长的距离，前脚随即向后跟进一脚长距离，动作到位时保持持刀对敌姿势不变（图2-18～图2-20）。

图2-18

图2-19

图2-20

3. 右移步 由持刀对敌姿势开始，右脚向右移动大约一脚长的距离，左脚随即向右跟进一脚长距离，动作到位时保持持刀对敌姿势不变（图2–21 ~ 图2–23）。

图2–21

图2–22

图2–23

4. 左移步 由持刀对敌姿势开始，左脚向左移动大约一脚长的距离，右脚随即向左跟进一脚长距离，动作到位时保持持刀对敌姿势不变（图2–24 ~ 图2–26）。

做四方基本位移的时候，尽量以小步幅来完成移动以维持身体运动时的平衡，力求动作快速灵活，不能拖泥带水。还需要强调一下，双脚直线移动的方向应一致，移动的距离应相等，以保证动作到位时基本对敌姿势的不变。

图2–24

图2–25

图2–26

二、三角形位移

三角形位移也称三角步，实践者用移动双脚所在位置点（坐标）构建三角形为模式，以变换两脚前后左右位置为特征。

1. 前三角步 也叫阳三角步。从右脚在前的持刀姿势开始；后脚（左脚）首先移动到前脚左侧位置并步，然后前脚（右脚）向右后移动一步，动作到位时变换成左脚在前的持刀格斗势；然后右脚向前收到左脚左侧并步，左脚向左后移动一步，动作到位时恢复成右脚在前的持刀格斗势（图2–27～图2–31）。

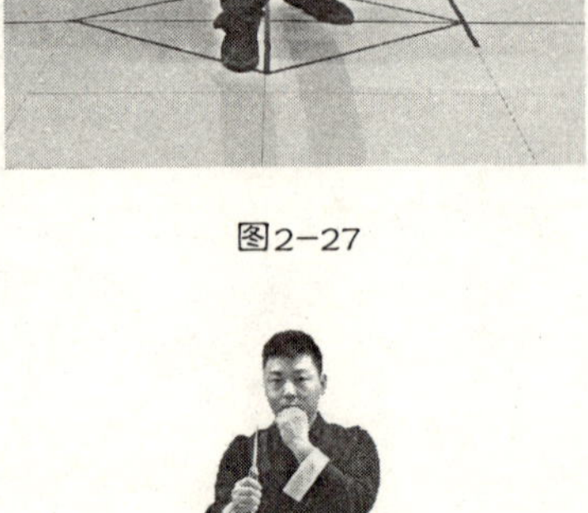

图2–27

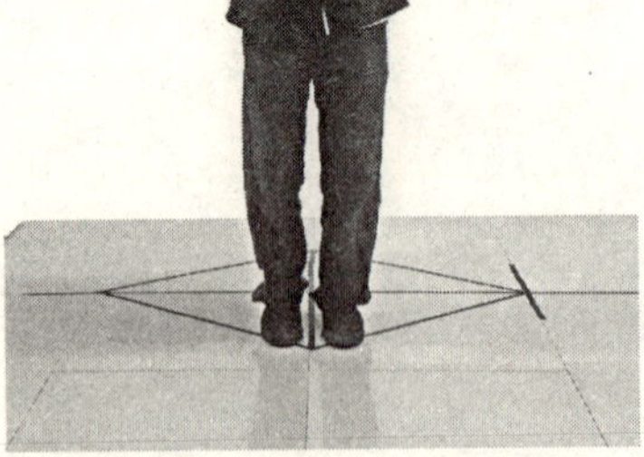

图2–28

图2–29

图2-30

图2-31

2. 后三角步 也叫阴三角步。从右脚在前的持刀姿势开始；前脚（右脚）首先移动到后脚右侧位置并步，然后后脚（左脚）向左前移动一步，动作到位时变换成左脚在前的持刀格斗势；然后左脚向后收到右脚左侧并步，右脚向右前移动一步，动作到位时恢复成右脚在前的持刀格斗势（图2-32 ~ 图2-36）。

图2-32

图2-33

图2-34

图2-35

图2-36

从总体上讲，前后三角步法模式当属于折线移动步法。

3. 侧向三角步 通过前脚直接后移或后脚直接前移来变换两脚位置。从右脚在前的格斗势开始；右脚直接向后移动一大步，同时左脚微微内扣，动作到位时变换成左脚在前的持刀格斗势；然后右脚直接向前移动一大步，动作到位时右脚微微内扣，恢复成右脚在前的持刀格斗势（图2–37 ~ 图2–39）。

图2–37

图2–38

图2–39

当然，实践者也可用左脚为主体运作侧向三角步。从右脚在前的格斗势开始；左脚直接向前移动一大步，同时左脚微微内扣，动作到位时变换成左脚在前的持刀格斗势；然后左脚直接向后移动一大步，动作到位时右脚微微内扣，恢复成右脚在前的持刀格斗势。此类侧三角步动作如图2-40～图2-42所示。

图2-40

图2-41

图2-42

习惯上，我们把向前移动的侧向三角步称之为进步，把向后移动的侧向三角步称之为退步，把向后再向前的三角步连续动作称之为“单项钟摆步”。

三、旋转类步法

通常来说，旋转类步法以前脚或后脚为支撑，另外那只脚做弧线移动来变换自己所在的位势。

从右脚在前的持刀格斗势开始，实践者以右脚（前脚）做支撑，左脚（后脚）沿顺时针向左前做弧线移动（图2–43、图2–44）；或者左脚沿逆时针向右后做弧线移动（图2–45、图2–46）。

图2–43

图2–44

图2–45

图2–46

从右脚在前的持刀格斗势开始，实践者以左脚（后脚）做支撑，右脚（前脚）沿顺时针向右后做弧线移动（图2-47、图2-48）；或者右脚沿逆时针向左前做弧线移动（图2-49、图2-50）。

图2-47

图2-48

图2-49

图2-50

四、其他步法

最后，我们介绍一下“前推步”与“后推步”及“猫步”。

“前推步”与“后推步”属于难度系数较大的步法，但由于其也是徒手功夫体系中最常见、最常用到的步法，所以有必要对这类步法进行补充讲解。前、后推步的动作特点在于直线进退，速度疾、行程长。

1. 前推步　实践者从右脚在前的持刀格斗姿势开始；后脚（左脚）用力蹬地，以产生地面反作用力，推动整个身体向前方冲击移动，在前脚与身体向前运动的瞬间，后脚借此惯性跟进，动作到位时所持对敌姿势不变（图2–51~图2–53）。这个动作与前移步可能在视觉上给人以类似的感觉，但两者有本质不同，后驱即后脚推前脚是前推步细节所在，而前移步是前脚拉后脚。

图2–51

图2–52

图2-53

2. 后推步 是前推步的逆向运动。从右脚在前的持刀格斗姿势开始；前脚（右脚）用力蹬地，以产生地面反作用力推动整个身体向后方冲击移动，在后脚与身体向后运动的瞬间，前脚借此惯性跟进，动作到位时所持对敌姿势不变（图2-54～图2-56）。

图2-54

图2-55

图2-56

3. **猫步** 始于两腿自然站立，然后实践者向左或向右转体90°。向右转体时，右脚尖向右，左脚尖在右前45°角上，重心在左腿（图2-57、图2-58）。向左转体时，左脚尖向左，右脚尖在左前45°角上，重心在右腿（图2-59、图2-60）。猫步的基本功用在于能够使得实践者在近距离闪避开朝自身中线要害的直刺。

图2-57

图2-58

图2-59

图2-60

猫步技术当属于防御范畴，但是由于基本步法移动的普遍适应性，即攻击步法同样适用防御的原因，我们在防御部分将不再对步法做重复解讲，因此，将相对于防御目的更加突出的猫步拿到本章节与其他步法一并讲解。

第四节 攻击技法

短刀如刺、捅、戳、劈、划、切、砸、杵的攻击技法可谓多种多样。不同攻击技法在用力强弱、角度大小、进程长短等诸多方面或多或少地存在着差别。为了方便学习与训练，我们把这些纷繁复杂的技法进行简化。以短刀攻击触点部位的不同把短刀的攻击技法分类为刺、割削、杵。短刀无论是防身还是制敌均以刺、割削技法最为常用，杵更多的是用于补充打击、限制攻击或被动反击。

一、刺

凡是以短刀的尖端为主要攻击触点，瞬间直进的技法统称为刺。刺可分为以下几类。

1. 直线刺　从右手持刀的对敌姿势开始，短刀从初始位置沿直线路径向目标进行攻击，攻击到位时手心向上或向左或向下，然后短刀后拽，收刀至起始位置。

直线刺颈、刺胸、刺腹、刺大腿动作如图2-61 ~ 图2-65所示。

图2-61

图2-62

图2-63

图2-64

图2-65

2. 角度刺 从右手持刀的对敌姿势开始，短刀从初始位置沿折线或曲线路径向目标进行攻击。通常来说，角度刺可以简单理解为从直线刺的运动路线左右两侧或上下两面对目标做刺。攻击到位时手心朝向需根据动作定位，然后短刀后拽，收刀至起始位置。

从右向左的水平左刺与从左向右的水平右刺如图2-66~图2-68与图2-69~图2-71所示。

图2-66

图2-67

图2-68

图2-69

图2-70

图2-71

从下向上的纵向上刺与从上向下的纵向下刺如图2-72 ~ 图2-74与图2-75~图2-77所示。

图2-72

图2-73

图2-74

图2-75

图2-76

图2-77

角度刺当然除了中规中矩横纵刺除外，不规则的斜向刺也同样常见。从右上向左下的斜向下刺与从左上向右下的斜向下刺如图2-78~图2-80与图2-81~图2-83所示。

图2-78

图2-79

图2-80

图2-81

图2-82

图2-83

从右下向左上的斜向上刺与从左下向右上的斜向上刺如图2-84~图2-86与图2-87~图2-89所示。

图2-84

图2-85

图2-86

图2-87

图2-88

图2-89

为了强化攻击效果，当刺中目标后应尽可能地以顺势搅动再回拽的形式收刀，这样收刀会给对手造成形如逗号的伤口，所以我们形象地称其为逗号收刀。除了收刀至右侧浮肋处或身前这些短刀的起始位置外，也可以依据接下来的攻击意图收刀于左髋前或左、右肩前等位置。但是，无论把攻击出的短刀收至什么位置，刀尖一定要朝向对手。这一点适于所有的短刀攻击收刀，请广大读者朋友要特别注意一下。

收刀或出刀的位置，左、右髋前（或浮肋处）如图2–90、图2–91所示，左、右肩前位置如图2–92、图2–93所示。

图2–90

图2–91

图2–92

图2–93

二、割削

凡是以短刀的侧锋刀刃为主体攻击触点的技法统称为割削，可分为以下几类。

1. 正手割削 也称内向割削。从右手持刀的对敌姿势开始；右手将短刀置于身体右侧，然后由外向内做割削攻击；短刀接触到目标的瞬间，右手手心由向左翻转向下，向身内拖拽短刀到其动作的初始原位，即持刀格斗势时的右侧浮肋处或向前位置。当然也可以视实际情况，把短刀直接收于身体左侧髋前或收至两肩之前顺势启动后续攻击。内向割削斜向攻击，由外上向内下如图2–94 ~ 图2–96所示，由外下向内上如图2–97 ~ 图2–99所示。

图2–94

图2–95

图2-96

图2-97

图2-98

图2-99

2. 反手割削 也称外向割削。从右手持刀的对敌姿势开始；右手将短刀置于身体左侧，此时持刀手掌心向上、向内，刀尖朝前对敌；然后持刀手腕翻转手心向外、向下，右臂由内（左）向外（右）挥击，最后收刀至身体右侧髋前或右肩前。外向割削斜向攻击，由内上向外下如图2-100 ~ 图2-102所示，由内下向外上如图2-103 ~ 图2-105所示。

图2-100

图2-101

图2-102

图2-103

图2-104

图2-105

无论是正手割削攻击还是反手割削攻击，除了常规的斜向攻击外，还可做多角度攻击，比如最常见的纵向上下的攻击或水平左右的攻击。从上向下的纵向割削如图2-106 ~ 图2-108所示，从下向上的纵向割削如图2-109 ~ 图2-111所示。

图2-106

图2-107

图2-108

图2-109

图2-110

图2-111

从右向左的内向水平割削如图2–112～图2–114）所示，由左向右的外向水平割削如图2–115～图2–117所示。

图2–112

图2–113

图2–114

图2–115

图2-116

图2-117

当然，同类不同角度的割削在某些动作细节上存在一定的差别，但其大体变化的运动路径都是一致的，即正手割削的轨迹都是由对手身体外侧向其内侧的弧线，反手割削的轨迹都是由对手身体内侧向其外侧的弧线。

当反手把持短刀时，刺与割削的动作轨迹与上面的正手把持短刀的攻击一致。这个内容本书不再细说，如果读者朋友对此感兴趣，请自行研习。

三、杵

凡是以短刀握把的柄端为攻击触点的技法统称为杵。

杵，不过是正手把持短刀反手刺或是反手把持短刀正手刺的翻版动作。不同的是，刺以刀尖作为攻击接触点，而杵是用短刀柄端打击对手身体要害的。这个内容本书不再赘述，请读者朋友参考本书中刺的讲解。

第五节　攻击目标

短刀攻击主要针对致残器官、致死器官与血管三大目标。

人体正面的攻击目标：额头、眼睛、脸、下颌下位、耳朵后位、颈侧位置、气管、锁骨下动脉、肩头、腋窝、二头肌与三头肌中间位置、二头肌的基部、前臂与腕关节、手指、肺部、隔膜、心脏、脾脏、肝脏、腹主动脉与腔静脉、膀胱、腹股沟、股动脉与大腿内侧的神经敏感区、膝关节、胫骨。

人体背面的攻击目标：头骨的基部、肘后面的三头肌、肾脏、大腿后面、膝窝、跟腱。

人体要害目标，正面动脉与背面要害如图2-118、图2-119所示。

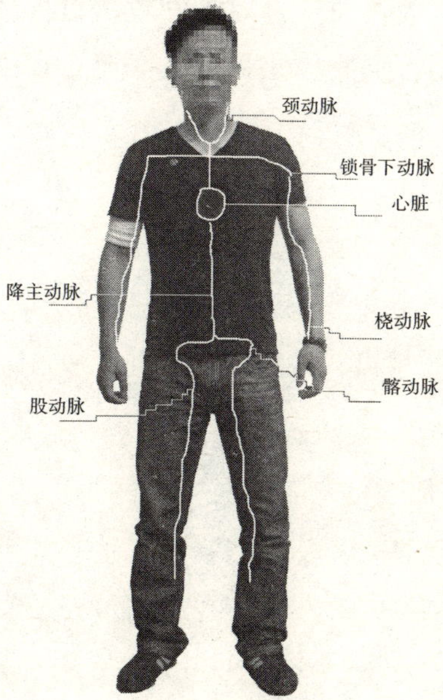

图2-118

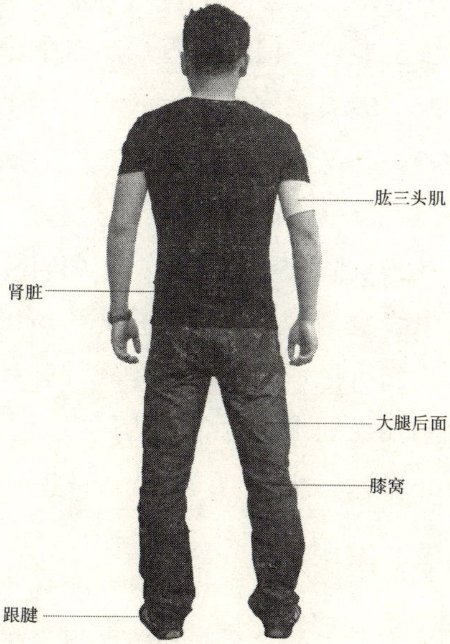

图2-119

当对手身着牛仔裤、皮夹克之类厚实坚韧的衣物时，则应该选择对手暴露在衣外的要害部位进行攻击，如颈部、手、头面等。否则，势必影响短刀攻击效果。

第六节　五区理念

尽管我们已经把短刀攻击技法归结为刺、割削、杵三类，但是，由于攻击目标的多样性使短刀外在的攻击形式仍显纷繁复杂。对此，我们引入“攻击区域”的概念来进一步简化短刀的攻击形式。

首先将人体攻击目标分区域进行划分。假想对手正身面对自己，以对手中线与过两手肘的横线交叉将其正身分划为Ⅰ（左上区）、Ⅱ（左下区）、Ⅲ（右上区）、Ⅳ（右下区）四个区域。短刀的四区攻击几乎囊括了短刀所有的攻击技法针对不同攻击目标的攻击形式。但是，直线刺对手中线要害这一技法仍然有必要重点强调，因为刺属于最具效率的攻击手段，既可高刺面额、脖颈、心胸，也可以低刺小腹或裆部等要害。另外，从防御角度来说，短刀直线刺中线也是最难防御的技法。所以，我们再把短刀直线刺中线要害技法单独规划出来，定义为区域Ⅴ（中心区）攻击。五区划分具体如图2–120所示。

图2–120

这样一来，我们就从整体上把短刀攻击简化成为对五个区域的攻击，用攻击五个区域的模式代替了千变万化的攻击形式。这个简化过程是以对攻击技法的掌握与对攻击目的的熟知为前提的。再者，短刀技法的实际运用仍是以技法为主体表现形式的，模式只是对技法的归总，简化技法的目的在于强化与深入技法的学习、训练与运用。所以，在训练学习过程中，一定要扎实掌握基础知识与基本技能，这样才能向更深层次迈进。

截拳道概念语录节选——

1967年，李小龙在接受美国权威武术杂志《黑带（Black Belt）》采访时，他曾经把自己的习武经历定义为三个阶段："在我研习武术之前，一拳就是一拳，一脚就是一脚。在我研修武术的过程中，一拳不再是一拳，一脚也不再是一脚。而当我才真正理解了这门技艺的时候感觉到，一拳仅仅是一拳，一脚仅仅一脚罢了。"不可否认，李小龙功夫三阶段说是他针对自己功夫从无到有至化境的整个过程的总结。这个总结对于任何人都适用，在这个过程中缺少任何一个环节都不可能成功。

第三章 徒手对刀·基础

动作示范：李　硕（河北沧州）
乔　峰（河北唐山）
张　杰（河北廊坊）
屠海荣（江苏扬州）
姚陈庚（江苏扬州）

防御短刀的基本理念与技法是应对短刀攻击时所采取的基础技术内容，这是构建高效率自卫体系的根本所在。基本防御技术可以分为徒手对抗短刀攻击时的防御技术与持械应对短刀攻击时的防御技术两大类，本章着重于徒手应对短刀攻击时的基本技术的讲解，同时兼顾持械应对短刀攻击时的基本防御理念。

第一节 防御距离

防御距离指的是实践者与持刀对手间的距离。敌我双方之间的距离不同，限定了实践者不同防御技术的实施与运用，即距离决定具体技术应用实施。实践者与持刀对手间的防御距离可以分为四类。

1. 远距离 以对手伸展持刀手臂时短刀不能接触实践者为标准（图3－1）。由于对手短刀不能直接触及实践者，也就伤及不到实践者。如果条件许可，在这种距离上，实践者应该选择最安全的策略——逃避，来应对对手的攻击。

2. 中等距离　以对手伸展持刀手臂时短刀能够接触到实践者最前的手臂为标准（图3–2）。

3. 近距离　以对手伸展持刀手臂时短刀能够触及实践者的脖颈头面为标准（图3–3）。

图3–1

图3–2

图3–3

4. 狭窄距离 以实践者不能后退为标准，这是最难以应对对手持刀攻击的防御距离。最典型的例子就是实践者靠墙被持刀对手用短刀逼住（图3–4）和实践者以背着地形式与上位的持刀对手对抗（图3–5）。

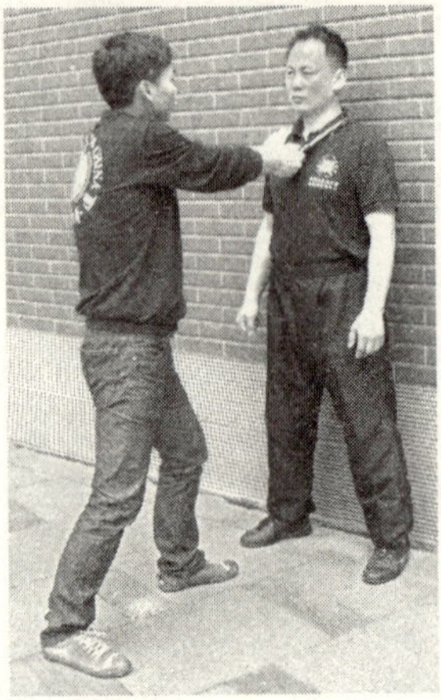

图3–4

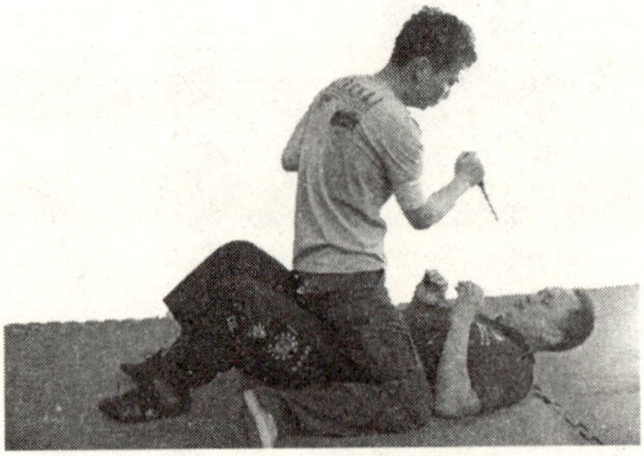

图3–5

第二节 五区防御

在前面的章节中，我们已经把众多的短刀攻击技法归结为三个类别，同时用区域划分的形式将人体攻击要害部位进行归类，最终引入区域攻击的概念来对外形繁杂的攻击（技法与目标）做了最大程度上的简化。但是，所有这些简化都是针对攻击而言的，对于防御攻击来说则另有五区定义。

与上一章节类似，我们仍做五区规划，只不过这次是一种动态变化的分割。假想通过自己前手或持刀手臂的肘关节做水平横线与其纵向垂直线交叉，这两条线将人体划分为四个区域，我们把这四个区域依次定名区域Ⅰ、区域Ⅱ、区域Ⅲ与区域Ⅳ（图3-6），把对向人体中线直接前刺的防御定义为对区域五攻击的防御。对实践者来说，对人体正面薄弱要害部位攻击的防御可以直接转化为对五区攻击的防御，以此把防御化繁为简。有一点须提醒大家，这个区域Ⅴ并非是固定不变的，而是随着持刀手肘位置的不断变化而变化的，所以图中未标示出。本质上讲，实践者如果防住了向这个五个区域的攻击也就等于防御住了对自己正面的攻击。

图3-6

五区攻防理念是本书短刀实战防御训练与自卫应用的根本思想所在。虽然内容没有多么复杂，但其统领作用可以说贯穿于本书的主体始终，请大家切勿忽视。

第三节 对敌姿势

当我们手中没有任何可以利用的物件应对持刀对手攻击的时候，采取什么样的格斗姿势与敌对峙才能更有利于自己攻防技术的发挥与实施呢？相对而言，侧身对敌的格斗势比较适用于徒手应对冷兵的情形。

这种徒手侧身的对刀姿势，极类似于持刀的对敌姿势。

首先，要侧身对敌，尽量缩减自身正面要害暴露。这种情况下对手实施攻击，攻击目标有限，利于实践者防御。仍然需要遵循重武器前置原理，要用你最听使唤的一侧对敌，对大多数人而言，即右脚前置侧身对敌。

其次，双手卷曲置于下巴处，双臂曲肘微微向内夹置于体前。千万不要用手心向外的形式把双手置于身前。无论实践者前臂至手指内侧的哪个部位，如果为对手短刀所伤，即便没有伤及腕部桡动脉的这个致命要害，其他部位中刀也会造成抓拿与握拳的不便。当手心向内对敌的时候，不但可以保护腕部桡动脉免受刀伤，而且即使在前臂外侧受伤的情形下，也不会影响到手的抓拿与握拳。这是因为前臂外侧肌肉功用在于手掌的舒张而非手掌的握拢。

双腿屈膝而立，特别是前腿膝关节要稍稍内扣，以保护腹股沟与股动脉。

空手对刀的对敌姿势要求实践者力求做到自身动作在整体上的紧凑合一，尽可能避免将肢体过度展现给对手，使对手无隙可乘。

对敌姿势正面、左右侧面如图3-7～图3-9所示。其他的相关要点与要求，可以参见持刀对敌姿势，这里不再重复。

图3-7（正面）

图3-8（右侧面）

图3-9（左侧面）

第四节　防御手法

徒手对应短刀攻击的基本防御模式大致可以归纳为三类，即格挡、扫拢与抓拿，再复杂的防御手法都可以由这三类基本防御手法的发展变化形成。牢固掌握这三类基本手法后，略加变通就能衍化、复合出大量的防御手法。

一、格挡

格挡是用自己的手或臂针对对手攻击进行阻挡的防御形式，其目的在于让对方的进攻动作“半途而止”。基于人的本能反应，对于普通人来说，格挡的运用应该遵循就近原则，就是要用与被攻击侧最接近的那只手去做格挡。如果实践者双脚平等开立，要用左手格挡来自从自己身体左侧向右侧的攻击，用右手格挡来自从自己身体右侧向左侧的攻击。

在应对短刀攻击实施格挡技法的时候，应该用自己前臂外侧或手掌外沿与对手持械手臂或手腕相接触来阻挡对手的攻击。因为用前臂外侧及手掌外沿格挡住对手的攻击，不但能够减少对手通过施压拖拽收刀给自己的防御手臂带来的伤害程度，而且能够抑制对手进一步地渗透攻击。这种情况下，即使被对手的短刀顺势所伤，伤及的部位也仅是实施格挡的前臂外侧而已，基本上不会影响这只手的抓握功能。

实践者格挡对手短刀攻击时，如果用手掌做接触位置则容易被对手收刀时伤及前臂内侧，前臂内侧无论是血管还是肌肉受到短刀割削，后果皆不乐观。腕部桡骨动脉位于手腕内侧，一旦伤及此处，30秒钟后人便丧失知觉，2分钟后死亡；而手掌及前臂内侧肌肉受到割削后最直接的结果就是五指不能合拢抓握。毋庸质疑，这绝对会影响后续战斗。

出于避免格挡后被对手短刀伤及手臂内侧的目的，格挡时是完全可以直接用手背、前臂外侧一线去接触对手的持刀手臂的。相对于用小指侧做接触部位的格挡而言，虽然直接用手背或前臂外侧去格挡似乎缺乏一些能动性，不利于后续动作的承接与变化，但是，从专注于自身人身安全的角度出发，实践者完全可以放弃手掌外沿，直接用手背或前臂外侧做触点去进行格挡。

格挡防御针对区域Ⅰ的攻击如图3–10、图3–11所示，格挡防御针对区域Ⅱ的攻击如图3–12、图3–13所示。格挡防御针对区域Ⅲ的攻击如图3–14、图3–15所示，格挡防御针对区域Ⅳ的攻击如图3–16、图3–17所示，格挡防御针对区域Ⅴ的攻击如图3–18、图3–19所示。

图3-10

图3-11

图3-12

图3-13

图3-14

图3-15

图3-16

图3-17

图3-18

图3-19

格挡是在近距离作战时最常用到的防御短刀攻击应急手法，可以完全应对来自正面的攻击。需要说明的是，对于中线即第五区的攻击实施格挡防御的时候，既可以通过步法调整变换至对二、四区域的攻击应对，也可以通过步法调换至对一、三区域的防御。从理论上讲，需尽可能使自身处于对手的攻击盲点，即对手持刀手臂外侧，这样不但利于自身保护，也便于反击对手。但还是要具体问题具体对待，不能一概而论。

二、扫拢

扫拢是在防御对手的攻击中，实践者在自己的手臂与对手持械手臂接触后持续施加外力，令对手原来预定的攻击路线发生偏移，进而使对手的短刀攻击落空。

扫，指的是在对手持械手臂上持续施加外力；拢，指的是对对手的持械手臂受到外力的作用下进攻路线发生偏转的描述。扫拢动作的大体形式是挥动手臂在体前做顺时针或逆时针运动。一般情况下，以前臂外侧为接触部位。但需要注意的是，无论是手掌做接触部位还是前臂外侧做接触部位来实施扫拢，这些接触部位都应该尽可能“黏”住于对方的持械手臂，持续施加适当的力来控制着对方的短刀朝有利于自己的方向运动。另外，在实施扫拢的时候，特别是迎着对手进攻方向做防御的时候，要尽可能压迫对手使其短刀远离自身，以防对手顺势变向寻隙做第二次攻击。

扫拢单独运用之时，多遵循右手防御对手自左向右的攻击，左手防御对手自右向左的攻击。当然根据实际情况，扫拢与干扰并行效果会更好。

扫拢防御针对区域Ⅰ的攻击如图3–20 ~ 图3–23所示，扫拢防御针对区域Ⅱ的攻击如图3–24 ~ 图3–27所示。

图3–20

图3–21

图3-22

图3-23

图3-24

图3-25

图3-26

图3-27

扫拢防御针对区域Ⅲ的攻击如图3-28～图3-31所示，扫拢防御针对区域Ⅳ的攻击如图3-32～图3-35所示，扫拢防御针对区域Ⅴ的刺只需要通过步法、身法的调整，把其变通到其他区域即可。

图3-28

图3-29

图3-30

图3-31

图3-32

图3-33

图3-34

图3-35

扫拢与格挡不同。格挡旨在阻挡挡住，止动应急，多少有些被动，最后定位到一个瞬间定格状态。扫拢的重点在于偏置，在很大程度上使自己与对手的身形发生交错。这样，实践者不但避开了对手的攻击，还能使自己处于相对有利的反击位势上，极具主动性。因此，扫拢属于一个持续性动作。另外，与格挡相比较，扫拢的实施运用以对抗双方间距较大即中等距离时最为适宜。

格挡与扫拢除了各自单独使用外，还可将两者合二为一联合起来做立体防御。比如，以左臂在下格挡对手自左向右对区域Ⅲ的攻击时，同时右臂在上方扫拢对手自左向右对区域Ⅰ的攻击，这个时候身体应该顺势左转45°；然后身体右转90°，左臂在上方扫拢对手自右向左对区域Ⅱ的攻击，同时右臂在下格挡对手自右向左对区域Ⅳ的攻击。整体动作如图3-36~图3-40所示。实际上，通过格挡与扫拢的有机组合及身体左右旋转，基本上能够防御住来自身体左右的攻击。这是徒手应对短刀攻击一种重要的组合防御模式，大家在训练当中要多加用心，一定视为重点项目勤加练习。

图3-36

图3-37

图3-38

图3-39

图3-40

三、抓拿

抓拿，是用单手或双手对对手持刀手或手臂进行抓握控制。与格挡、扫拢比较，抓拿是对对手的更深入控制。但是单纯地抓拿对手，却是一件非常不明智的对抗选择。因为对手短刀在握，只需要持刀手腕旋转微调就可以反守为攻。为了克制对手这种优势，我们强调抓拿的关键之处即抓控对手的部位是持械“手”，以控制其拇指侧最为有利。相对而言，实践者实施单手抓拿在精准度与力量方面都逊色于双手配合实施的抓拿。特别提醒，在运用双手抓拿时应该做到“连手带腕”一并抓与拿，不要把抓拿目标单纯定位到对手持刀的前臂。否则，就不能最大限度地固定住对手持械手的活动，对手完全可以通过持械手旋腕搅刀形式来破解对其的抓拿。还有一点需要说明，抓拿对手不是防刀的最终目的，只是整个防刀过程中的一个环节，所以我们不能单纯地停留在其中，迅速接续后面的合理动作极为必要。同时实践者在实施抓拿的过程中，尽可能做到顺势而为，生硬对接容易出现纰漏。

从某种意义上说，格挡、扫拢与抓拿动作的实施存在着特定内在的承接关系，即扫拢可以承接于格挡，抓拿既可承接于格挡，也可以承接于扫拢。然而，三者具体实施的情况却相当复杂，或相互承接，或独立运用，或相互配合。相关的内容很难用言语表达清楚，这就需要实践者通过大量的训练来逐渐获得自身的本体感知！

第五节　训练指南

训练最直接的目的在于让实践者掌握技术动作。说白了，就是要通过有针对性的专项练习使实践者习惯这些特殊的技术动作。经常与持久地反复练习是促进技法身心合一最基本的也是最常用的训练方式与方法，但具体的训练内容与训练程序仍须做科学合理地安排才能提高训练效率。

徒手对短刀的姿势与步法的训练是完全可以按照短棍格斗训练方法来进行的，这些内容请大家参考本人作品《循序渐进 截拳道短棍全面训练教程》的相应章节，这里就不再重复。

对敌姿势与步法能够做个人单独训练，而徒手对刀的基本防御手法的训练绝对需要双人配合进行攻防练习。这点请大家不要再置疑——个人单独练习犹如捕风捉影，其所起到的作用十分有限，实质接触训练才是掌握攻防技术实际运用的必由之路。下面我们着重阐述一下格挡、扫拢与抓拿的训练步骤。

训练前仍然有几点需要强调，请大家注意。

首先，要穿戴防身护具，训练中人身安全是第一位的。其次要贯彻落实循序渐进的训练原则，开始动作一定要慢，待动作定型正确、双方适应后再提高速度与训练复杂程度。最后，双方要经常换位即变换攻防角色来进行训练，以期双方各自的攻防技术得到全面训练。

最开始的对抗训练是以掌握单项防御手法为目的的有序攻防训练。攻击方针对防御方，持训练用刀具以割削为主要进攻技法，按照攻击五区顺序依次做有间断的攻击，防御方则相应地用某一防御技法进行化解。经过多次重复这种训练，初步掌握针对每个防御区域内进攻的应对防御手法技术的使用。在训练过程中，防御方首先自然站立正身面对攻击方开始训练，然后在这个基础上逐渐过渡到用侧身面对攻击方的训练上。当训练双方适应这个攻防节奏后，就可以逐渐去掉攻击间的间断，来不断地提高训练的难度，以此提升训练双方对技法掌握的程度。

以掌握单项防御手法为目的的有序攻防训练图例，请参阅本章第四节相关防御手法的图示。

正身对敌与侧身对敌训练的区别在于，正身对敌训练方便于左右手分区防御的实施，只需进一步或退一步，甚至在不移动步法的情况下仅仅凭借身法也能做到完全匹配技法的运用与实施。虽然正面对敌利于防御技法的实际运用，但正面对敌会在自卫行动前已经把自己的要害部位无疑更多地暴露给对手，这也是正面对敌的不足之处。然而，面对面地与对手发生冲突正是街头自卫最常发生的情形，所以请大家多注意、多留心这种正面面对对手的防御训练。侧身对敌则需要用前面那只手臂作为实施防御的主体武器，如果想左右手做分区防御，更多的时候需要用步法与身法，特别是三角步配合身法来调整自己的位势。当然，侧身对敌有利于自我保护，在敌对双方有备的攻防中是最值得提倡的对敌姿势。

在对基本防御手法初步掌握之后，实践者需要做的就是把这些基本防御手法联合起来应对陪练的进攻。这其中要做的第一项训练仍是有序攻防训练，只不过这个时候不是用单一防御手法去应对对手的攻击了。

下面我们看一组针对上一节格挡与扫拢立体联合运动的示范训练，防御方（右）用右臂格挡住攻击方（左）区域一的短刀攻击（图3–41、图3–42）；攻击方顺势攻击防御方的区域三，防御方则用左臂以格挡来应对（图3–43）；攻击方加大力量对防御方的格挡手臂进行施压，防御方则将自己的右手臂置于攻击方的持刀手臂上实施扫

图3–41

拢，将其持刀手臂压撑拖带至自己身体右侧（图3-44）；攻击方借机上抬自己的持刀手攻击防御方的区域二，防御方则上抬自己左臂格挡对手的进攻（图3-45）；攻击方顺势攻击防御方的区域四，防御方则用右臂以格挡来应对（图3-46）；攻击方对防御方用于格挡的手臂施压，防御方把自己左臂置于对手持刀手臂之上进行扫拢，最后把攻击方持刀手臂压撑拖带至自己左臂外侧（图3-47）。之后训练双方可以再重复上边的练习。

图3-42

图3-43

图3-44

图3-45

图3-46

图3-47

在上述训练过程中需要注意的是，攻击方在训练中起主导作用。但是，一旦防御方成功防御住进攻方的进攻后，就应该力求主导整个打斗的发展趋势，使其向有利于自身的方向发展。再则就是，进攻方攻击防御方的过程中，自始至终其非持械手没有干扰防御方的防御手法的实施。

为了进一步强化防御手法的训练，在对抗过程中让攻击方用非持械手来破坏防御方的防御。这里我们为大家提供一组较为复杂的训练范例，以供实践参考。

攻击方（左）反手割削攻击防御方（右）的二区，防御方用左手扫拢来化解；攻击方以非持刀手从自己持刀手下面扫拢防御方的右手，同时将解脱出来的短刀用于攻击防御方的一区（图3-48~图3-51）。

图3-48

图3-49

图3-50

图3-51

防御方身体左转，用右手扫拢攻击方的持刀手臂；攻击方左手即非持刀手上托防御方的右手肘关节，同时短刀做横向割削攻击防御方的三、四区（图3–52~图3–54）。

图3–52

图3–53

图3–54

防御方左手扫拢攻击方的左手，右手扫拢攻击方的持刀手臂至自己右手外侧；攻击方左手外扫拢防御方的左手，同时右手持刀从防御方的前胸沿中线向下割削（图3–55~图3–57）。

图3–55

图3–56

图3–57

防御方以左手向前、向下扫拢将攻击方的短刀带到攻击方的下盘外侧；攻击方用左手抓拿防御方的左手手腕并上抬，同时用短刀攻防御方三、四区小腹位置；防御方用右手扫拢将短刀拖带至攻击方的左侧；攻击方用左手控制防御方的右手，短刀做反手刺防御方的二区要害；防御方用左手扫拢来化解攻击方的反刺（图3-58~图3-62）。

图3-58

图3-59

图3-60

图3-61

图3-62

攻击方右手从持刀手臂上扫拢、拖带防御方的左手，同时短刀沿路线下移做反手割削防御方的左腿；防御方用左手扫拢、拖带攻击方的短刀至其右侧，用右手把攻击方的非持械手扫拢至其身体左侧（图3-63~图3-65）。

图3-63

图3-64

图3-65

攻击方左手从防御方的左手上方向下扫拢，同时抽刀对防御方的一区做水平角度刺击；防御方则左转身用左手扫拢攻击方的一区刺入；攻击方则用左手扫拢向下、向左拖带防御方的右手防御，同时短刀割削防御方的一区脖子；最后防御方用左手扫拢、错闪对手的攻击，使攻击方的短刀置于防御方左侧（图3-66~图3-71）。至此算一次完整的训练，然后再顺势重复上边的训练即可。

图3-66

图3-67

图3-68

图3-69

图3-70

图3-71

上述所有范例都是为了说明训练程序而特定设置的，首先，实践者在遵守循序渐进、逐层深入的基本训练原则下，完全可以根据自己的实际状况设计出更适合自己的训练内容。其次，就是一定要明确这个阶段的训练目的是为了掌握防御技术，所以训练过程中防御方不能做防御后的反击行为，否则有违初始本意。再者，就是需要训练过程按部就班，无论作为攻击方还是防御方，双方都需要明确自己的角色，严格按照预定内容与程序执行训练，各司其职，以保障安全与训练效率。不规则出牌是训练的大忌，不但会影响训练的效果，而且更可能出现伤害。请在训练过程中严格遵守练习规则！

当对防御手法掌握得相当熟练后，训练双方完全可以抛弃有序的约束对抗练习，进而转入到“无限制”自由对抗训练上。

截拳道概念语录节选——

假如有几名不同派系的武术家在看到一场街头混战时，一定会得出不同的意见，这就是因为他们的观察能力已经都被限制在自己所选择的范围内；换一句话说，也就是他们都受到自己仅知的某种形式的拘束！真实的观察，只有在放弃形式之后才可以获得，而真正的自由意见，也只可以在跳出制度以外才能发生。

第四章 徒手对刀·致用

动作示范：屠海荣（江苏扬州）
姚陈庚（江苏扬州）

徒手对刀是一个最常见的也是最有争议性的现实自卫话题。说其常见，就是因为在我们当今社会之中，作为实践者带刀拿枪用于自卫防身并非现实，而歹徒行凶却是常常以武器相加于受害者，短刀正是他们最常用到的武器。言其有争议，是指某些所谓的“现实”的武术行家或者是自卫专家认为空手入白刃是空谈，是以卵击石，是自取灭亡。他们的理由是人的血肉之躯不足以与歹徒的冷血利刃相抗衡，所以极力否定徒手应对短刀的自卫效果。他们或者强调应时而动，即在适当时机或情况下采取“逃跑”策略应对冷兵攻击；或者强调冷兵对抗冷兵，即用自己随身携带的防身物品或是所处环境中的便利物品充当对敌武器与对手展开面对面的冷兵械斗。

对于“徒手对短刀空谈论”，我们的观点是，现实的冲突不是以某些行家与专家的想象与臆想为主导。换句话说，街头冲突中什么样的情况都可能发生，特别是对手持有短刀这样非常危险利器的时候变数更大。当我们徒手面对持刀对手的时候，不可否认，想方设法在对手发动攻击前逃走，是避免流血冲突最好的、也是最为现实有效的方式。但是如果对手不给实践者逃脱的机会，而且实践者也没有什么武器或便利物品可利用来对抗对手的短刀攻击，那么实践者就只有坐以待毙、眼睁睁地等待对手来索取自己性命吗？如果你热爱生活，珍爱生命，请奋起反抗！或许这才是使生命得以延续的唯一方法！

本章开篇实际上是对本书第一章内容的再次强调、重复说明——当生命受到实质威胁的时候，唯一的出路就是放手一搏！能否成功保命，只需尽力而为。早一点动手反抗就会多一点逃生的几率。相反，反抗的实施时间越往后拖延，危险系数就可能越大。当然，需要说明的是，这种对抗技术的使用绝对不是盲目的、胡乱的。

话说回来，如果实践者徒手面对持刀歹徒的时候，能够做到镇静不乱，从容处之。那么，假如当实践者手持武器再次面对对手的时候，可以肯定的是，如此应对与处理同等级别的暴力冲突定会感到要比徒手对刀轻松得多。这也是本书为什么把徒手对抗短刀攻击内容放置到防刀训练最前面的根本目的所在。

第一节　关键理念

街头持刀行凶者大都是没有经过专门冷兵训练的人，他们的攻击过程一般是不存在佯攻虚击战术于其中的，特别是首次出刀攻击往往更是简明直接。防御对手短刀攻击的关键之处就在于对对手首次攻击的防御是否到位。换句话讲，即首先需要防住对手的第一次短刀攻击。如果能够技术性地防御住了对手攻击的第一刀，即得势到位地防住了对手的第一次刀攻，那么从战术角度来说，就等于中断了对手的攻击，同时启动了自己的反击。

那么防御对手第一刀攻击做到什么程度才算得上得势到位呢？我们认为至少需要满足三个条件。首先是令对手短刀攻击不到位，这是最基本的要求；其次是能够由此截断对手承接首次攻击之后的攻击，以遏制对手做连续攻击；最后还应该为自己反击对手做铺垫或准备，也就是说，对对手的首次攻击防御需要以此赋形造势，进而引导反击动作的启动。

如果徒手的实践者对对手的首次刀攻防御不到位、不得势，那么接下来的对抗可以说就没有任何意义可言了。只要这个条件没有达到要求，即自己的防御不合理致使对手攻击到位，那么结果基本上可以判定你非死即伤。如果防御对手首次攻击第二个条件没满足，也就是说，你没有让对手的短刀刺中，却让他承接第二次攻击，那么持刀对手此刻所占有的优势要比其首次攻击时占有的优势大得多。这是因为实践者在对手第一刀过后处于了更被动的状态，对于对手第二次攻击的防御会较防御第一刀更加困难。在防御对手首次攻击前两个条件达标而最后一个条件没有满足的情况下，双方接下来的交手情形基本等同于首次攻防。但需要说明的是，对手武器在握仍然占有极大优势。

从上述的三个条件出发，我们具体讨论采用什么样的技战术能够更适宜完成对对手第一刀的合理防御。使对手刀刺不中是防御首次攻击的最基本的条件，这个条件不达标，其他的条件也就无从谈起了。致使对手攻击不到位的形式大致有三类，一是自己通过步法、身法的合理运用来闪避对手的攻击，比如可以用前后三角步、猫步来错位对手刀刺攻击或是直接用侧向三角步把前腿向后退一步拉开双方的间距，从而达到让位避刀的目的。二是通过施加外力的方法改变对手的攻击路线，使得对手的攻击偏离打击目标，基于此，可以通过对对手持刀手或臂的格挡、扫拢、抓拿或重击等形式，使其进攻偏离原来的预定轨道。三是一与二的联合使用，也就是说，我们还可以把三角步等步法与相应的身法、手法结合起来共同运用于防御对手的第一刀。

实践证明，步法、身法与手法的配合施用是防御对手攻击最完备的方式，这是因为其除了满足防御得势第一个基本条件外，同时也满足了其余两个条件的要求。

在防御过程中截断对手的攻击连续性，以两种形式最为常见。一是通过扫拢、抓拿等相应手法对对手持刀手或手臂施加外力，改变其运行轨迹的同时附以额外的牵制，如此使对手脱轨的攻击既不能迅速复原，也不能做顺势变化，从而迫使他预定的连续攻击出现了一个中断点。需要特别说明的是，如是手法的施用应该顺势而为，切不能与对手肢体做生硬对抗。毋庸置疑，这需要用身法与步法来调整自己位势去支持手法的具体实施。二是通过重击对手的手段强迫对手放弃进行中的攻击。显而易见，对手在遭受重创之时其所预定的连续攻击必然出现中断点。常见的重击对手的方式以让位闪打与直接重创持刀手臂最为常见。让位闪打需要身法、步法与手法的合理配合——让开对手的攻击，同时占据有利位势发动攻击。让位闪打的攻击形式是“填空”，本质是攻防同动与连消带打。对对手的持刀手臂重击，一旦攻击到位，既可以阻截对手的攻击，还可伤及对手的肢体，对手撒手弃刀实在是情理之中的事，其实质是以攻代守。

相对比较而言，这种通过重击对手的手段强迫对手放弃进行中的攻击的防御形式更具自卫效率，从根本上讲，其已经直接启动了对对手的攻击，防御就是反击，反击就是防御。而以扫拢、抓拿等牵制手法虽然使得对手首次攻击后不能顺利承接后续攻击，但其在本质上仍属于防御，开启对对手的反击还需要接续另外的动作。从防御得势的第三个条件出发，从防守到反击应该顺势而为。也就是说，应该做到防御后半程动作即是反击动作启动的开始，这样才能进一步变被动为主动。这就要求我们正确认识攻防的辩证关系，把身法、步法、手法等各项技能有机地、更加合理地整合起来，统一服务于一个最终的目标，即迅速解除对手的武装与战斗力。

我们一旦通过努力瓦解了对手首次刀攻得势，就等于是已经变被动为主动了。此时此刻，我们应该顺着防御的收尾动作启动反击攻势，对对手进行目的明确的连续攻击，直至对手丧失还手的能力为止。用于反击持刀对手的技术，大体上可以用打、拿及打与拿结合三种形式加以区分。打，即用肢体武器对对手身体要害或持刀手臂做攻击；拿，这里主要是针对对手持刀手、臂进行关节控制，进而实施缴械或反用对手短刀等的技能。至于到底用哪种形式作为最终反击对手手段与技术，我们只能说反击的启动在很大程度上取决于对对手首次攻击防御形式，但反击的深入发展则受到多方面因素所制约。

需要特别说明的是，这个世界上根本就不存在有绝对安全保障的防刀技术，特别是在街斗情形下的空手对短刀，更不会出现什么技术可以确保你万无一失。但是，确实有一些方式、方法可以在这个求生自卫的过程中增强你的安全性。从这个层面上说，防刀的正确理念与原则并非比单纯动作技术的作用逊色，一旦清楚了这些理论，就可以更好地理解具体防刀技术的施用了。

第二节　缴械模式

空手入白刃，许多人单纯理解为徒手把对手的短刀或武器“抢夺”到自己手中。虽然这种理解多少有一定程度的偏失，但是我们认为缴械确实是徒手对刀一个不可或缺的内容。街头自卫，在我们这个社会对于普通大众来说持刀带枪并非合法，而歹徒实施暴力侵害时更多的是持械为之。如果作为自卫一方的我们能够将对方武器缴械并为己所用，换句话说，就是要用对方的武器反过来对付对手。那么，整体的战事发展势头就会朝趋于有利于我们的方向倾斜。缴械后用对手的武器攻击对手，实际上等于是敌我优势互换，自己持刀以“有余欺”对手徒手的“不足”；如果是受到多人围攻，缴一人之武器再用于对抗多人的攻击，这也算是给力不小。出于对这些缘由的考虑，本书特别地把缴械专题设置为徒手反击刀攻对抗训练的第一项内容。

另外，本书将缴械定义扩展至使对手失去对短刀控制这个层面。也就是说，无论是令对手撒手弃刀，还是夺刀自用都属于缴械这个范畴。还需要补充说明的是，缴械只是防御刀攻自卫的一个层面内容，实践者在成功缴械的基础上，还需因形利导地对对手做进一步补充打击，直至其丧失攻击能力为止。

基于“防御第一刀”即防御对手首次刀攻理念与“五区”概念，我们对缴械技术进行有序的分门别类，以便于实践者去记忆、训练与掌握。另外，在实施任何技术的时候，无论是缴械技术还是击打类的非缴械技术都应该尽可能顺应自然反应来进行，比如，利用距离对对手发动攻击时以离我们最近手臂实施防御反击技术等。通常情况下，实践者左臂在前时首先应该用左臂进行防御，然后顺势承接其他技术的实施。相反，实践者右臂在前时则应该首先用右臂启动防御技术，其后顺势承接其他技术的实施。这些内容我们已经多次提到，之所以这样来回重复，目的只有一个，就是引起大家的重视。

一、对手持刀对实践者区域一攻击时

（一）对手右手正手握刀

基本缴械模式一

如果实践者左臂在前时，可以用自己左臂格挡对手持刀手臂以中断对手的进攻；然后瞬时用三角步调节位势，同时右臂逆时针扫拢对方的持刀手臂；如果实践者右臂在前时，或者实践者习惯于直接用右臂首先启动防御，那么实践者持左势对敌时，完全可以在三角步调整站位的同时，直接实施右手逆时针扫拢来接洽对手对区域一的短刀攻击。当把对手的持刀手臂扫拢至对手近中线位置的时候，实践者右手下插到对手右臂左侧；然后双手翻转，右手抓拿其右手拇指，左手控其右手背，以合抱之势从下向上、向左做大于270° 的拧转，使其前臂外旋至生理极限，制服对手，动作如图4–1 ~ 图4–6所示。

图4–1

图4–2

图4–3

图4–4

图4-5

图4-6

要点说明：

（1）实践者在从左臂格挡到右臂扫拢这个转换中，动作要尽量快，以防止对手收刀回撤做第二次攻击。

（2）在实施扫拢过程中，实践者一定要将对手的持刀手臂黏控住，而不能让其脱离。否则，对手可能顺势抽刀再次攻击实践者的中下盘要害。在这个从上向左、向下的逆时针扫拢过程中，还需要防范对手有可能用左手拳攻击实践者的上盘来解其右手之困，为此实践者可以在实施扫拢前，先用手指戳对手面门以干扰对方。这个干扰动作是非常有必要的，能够为你赢得非常宝贵的时间差，所以在开始接洽对手短刀攻击的时候，也十分有必要在防御对手攻击的同时去攻击对手，即用攻击去干扰对方的视线与思路。

（3）当实践者扫拢对手右臂到对手下盘近中线处的时候，一定要用左臂下插到其持刀手臂左侧进行辅助控制，这除了是为接下来的双手合控对手持刀手臂做准备之外，也能够由此阻止对手在这个位置脱离扫拢顺势向上攻击自己右侧即区域二或四。

（4）实践者在两手合控对手持刀手的时候，一定要用左手抓牢对手持刀手的拇指，即用自己四指拿其拇指内侧、拇指附于其手背。这样才能够防止对手旋腕运刀尖割削实践者的手臂来破坏对其的控制。

（5）实践者在双手合控外撇对手右臂的时候，应尽可能同时施力后拉对手持刀手臂。在双向力的作用下，几乎不会给对手留任何反抗余地。

变化形式：

（1）实践者在外撇对手持刀手臂过程中，如果对手的短刀握柄在小指外侧留余，那么也可以在左手主控之下，右手虎口叉开并沿对手持刀手拳轮前推，最后将对手的短刀夺到自己的手中（图4-7～图4-13）。

图4-7

图4-8

图4-9

图4-10

图4-11

图4-12

图4-13

（2）在扫拢过程中，当实践者的右臂进入到区域二后，左手从对手肋侧插入其右臂肘后回拉，同时右手虎口外展卡住对手持刀手腕，操控对手的短刀反刺他自己的胸、腹、大腿等要害部位，如果不想给对手造成较大的伤害，也可把对手前面的一线肋、髋、臀、大腿为楔，通过拨扭的形式把对手的短刀从其持械手中撬出来。动作如图4-14～图4-18所示，图4-19、图4-20为背面特写照。

图4-14

图4-15

图4-16

图4-17

图4-18

图4-19

图4-20

基本缴械模式二

在模式一中的后半段，即实践者双手合控外撇对手持刀手臂的时候，可能会出现多种对手抗争的情况。比如，对手用力向其身内回拽持刀手臂，来挣脱实践者的控制。应对于此，实践者不能在正面与其进行争执扯拉，应该要做的是用左手抓牢对手的右手拇指，顺势向左水平拖拉对手持刀手，使其手腕内屈与前臂成“死角”，此时对手手背向前、短刀刀尖向上、刀身平面朝前；接下来实践者用自己右臂外侧贴于对手短刀的刀身，右臂前推刀身平面，同时左手后拉对手持刀手，两手配合前后发力，使其短刀脱手进而达到缴械的目的。动作如图4–21 ~ 图4–26所示，图4–27 ~ 图4–32为异侧照。

图4–21

图4–22

图4–23

图4–24

图4-25

图4-26

图4-27

图4-28

图4-29

图4-30

图4-31

图4-32

要点说明：

（1）实践者水平拖拉对手的持刀手，使其手腕与前臂成死角相当重要，运作之时需要固定成型，利于接下来实施的前推后拉的发力缴械。

（2）实践者在用前臂桡骨侧面向前推送拖带对手刀身时，一定要注意贴紧刀身平面水平向前发力，否则，易为对手短刀刀刃所伤。再有就是实践者左手也需要水平向后拉扯对手的右手，这样双手前后交错用力才容易把对手的短刀从其手中撬出来。

变化形式：

如果对手所持短刀非常小，或者说在刀身不长的情况下，实践者用前臂推送就可能伤及到自己。针对这种情况，实践者可采用以下几种变化形式应对。当然，这两种应对的变化形式也适用于对通常短刀的缴械。

（1）当实践者左手水平拖拉对手持刀手至其手腕与前臂固定成死角后，可以用右手的四指一二指关节内扣，捏掐住对手短刀的刀身，此时拇指在下指向左侧，小指在上，手心向前；然后左手回拉对手持刀手，右手四指控制其刀向其头面方向前拽，夺刀于自己手中。动作如图4-33、图4-34所示，图4-35、图4-36为异侧照。

图4-33

图4-34

图4-35

图4-36

（2）当实践者左手水平拖拉对手持刀手至其手腕与前臂固定成死角后，可以用右手附于对手右手上。右手拇指抵住对手刀身平面，其余四指控制对手持刀手的四指，同时左手四指协助右手四指固定住对手的拇指，拇指或抵住对手刀身平面，或附于对手持刀手背。抵在对手持刀手背上的拇指用力向前、向下压对手的刀身，迫使其短刀从手掌中脱离出去。动作如图4-37～图4-39所示，图4-40～图4-42为异侧照。

图4-37

图4-38

图4-39

图4-40

图4-41

图4-42

（3）对手持刀手至其手腕与前臂固定成死角后，如果实践者用力往对手身内回拉其持械手臂，可以顺势进步于对手的内围，同时用右手臂把对手的短刀抵压在其胸口上，然后用左手把对手的持刀手拉回来，从而达到让对手弃刀的目的。动作如图4–43 ~ 图4–45所示，图4–46 ~ 图4–48为异侧照。

图4–43

图4–44

图4–45

图4–46

图4-47

图4-48

基本缴械模式三

在模式一中的后半进程中，即实践者双手合控外撇对手持刀手臂的时候，对手可能用力向自己身内用力回拽持刀手以挣脱实践者的控制，而实践者此时又没能够将对手持刀手腕与其前臂顺势做成死角，以至于不能用标准模式二来应对。如果出现这种情况，实践者可以在对方挣脱的过程中用右手从自己左手下方上穿到对手持刀手左侧做顺时针扫拢180° ，并顺势抓拿控制对手的持刀手，使其刀尖朝下，仍然须使其手腕与前臂成死角；最后用左臂贴其刀身平面前推，配合右手后拉，前后用力交错令其短刀脱手。动作如图4–49 ~ 图4–57所示，图4–58、图4–59为最后发力时的异侧照。

图4-49

图4-50

图4-51

图4-52

图4-53

图4-54

图4-55

图4-56

图4-57

图4-58

图4-59

要点说明：

（1）实践者在从用左手把控对手持刀手转换到用右手把控的过程中，一定不能让对手的持刀手脱离控制，以防止对方抽刀换势再次发动攻击。这就需要实践者在右手实施扫拢、抓拿住对手持刀手腕后左手再撤出来。

（2）实践者用右手最后抓控对手持刀手时，仍需用四指拿其拇指内侧，拇指附于其手背，一定将其手腕与前臂固定成死角，最好与此同时借助于对手的对抗拉直他的这条手臂，如此在另外的角度上进一步削弱对手对短刀的控制，进而更加利于缴械的实施。

（3）前推时一定要左臂外侧贴紧对手刀身平面，施力时一定正对刀身平面，否则容易使自己左臂受伤。

变化形式：

同模式二变化前提一样，如果对手让所持短刀的刀身非常小，用左臂向前推送的形式缴械则易伤及自身，实践者可做以下变化加以应对。

（1）在右手拉直对手持刀手臂并使其手腕与前臂成死角时，用左手拇指附于对手持刀手四指上，四指扣于其手背，左右手配合捧抱控制对手持刀手使刀尖朝向对手身体，借其回收挣脱之机，顺势双手推送对手持刀手或刺或割削他的中盘要害（图4-60～图4-62）。当然也可以用对手的身体做楔子，把对手的短刀从其手中撬出来。

图4-60

图4-61

图4-62

（2）在对手持刀手腕与其前臂成死角时，实践者用两手的拇指抵住对手持刀手背做合控，顺时针拧转其右臂至肘关节向上时，内折对手持刀手腕并上掀其整条右臂，最终使得对手右臂的腕、肘、肩同时受制（图4–63~图4–65）。这里有一个细节要提醒大家，就是最后定型时，要把对手右臂向其侧向拉拽并且让自己身体与其垂直，这样能更好地防范对手实施转身后撩腿类的技法对抗实践者的折腕控制。

图4–63

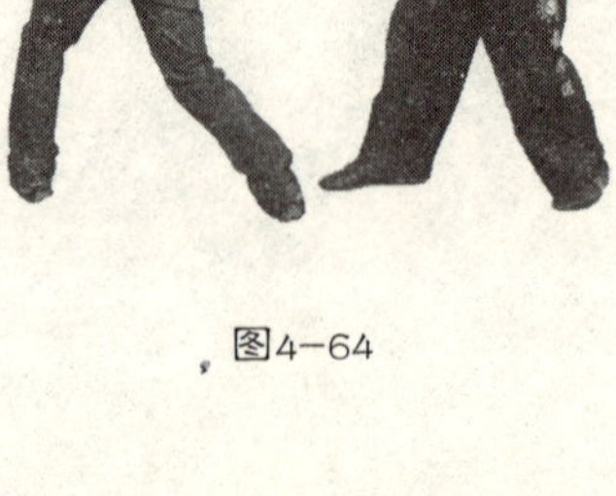

图4–64

图4–65

（二）对手右手反手握刀朝实践者区域一攻击时

基本缴械模式四

当对手持刀攻来时，实践者用右手刺对手双眼，同时用左手从对手短刀前下方上穿附于对手持刀手腕内侧，将手背贴紧对手短刀面（图4–66~图4–68）。当然如果你手脚麻利的话，也可以直接出左手控制对手的持械手腕，接下来左手抓紧对手持刀手腕做大于180°逆时针拧转，把对手右臂外撇至运动生理极限，以自己左手前臂外侧将对手的短刀从其手中撬出来，右手配合顺势夺下对手的短刀（图4–69 ~ 图4–71）。

图4–66

图4–67

图4-68

图4-69

图4-70

图4-71

要点说明：

（1）攻防须同动，目的在于分散对手的注意力，方便实施左手对对手持刀手的控制。

（2）左手把控对手持刀手时，接触位置一定要到位，否则易被对手顺势刀伤。这就需要多练！

（3）可以通过右腿后撤身体右旋侧转的形式以强化抓拿、扫拢与杠杆别撬的力量。

变化形式：

在实践者把控对手持刀手后，逆时针拧腕过程中至水平位势即90°后，左手掌可顺着对手持刀手前臂内侧朝掌心、梢节方向拖拽、捋拿对手刀柄；同时右手从对手持刀手臂外侧上穿至其肘关节处，右臂向右拨拉对手右肘；两手左右交错用力于对手持刀手臂，迫使其最终撤手弃刀（图4–72～图4–77）。

图4–72

图4–73

图4–74

图4–75

图4-76

图4-77

基本缴械模式五

当对手持刀攻来时，实践者以三角步闪身错位至对手外侧其攻击盲点位置，与此同时，左手附于对手持刀手上做顺时针扫拢、抓拿，最后借其运动惯性将对手短刀反向刺入对方前边的大腿内侧（图4–78 ~ 图4–81）。

图4-78

图4-79

图4-80

图4-81

如果在下刺对手大腿时遭遇对手极力反抗，实践者可沿用基本防御模式一顺势外撇、后拉缴械将其制服（图4-82～图4-85）。

图4-82

图4-83

图4-84

图4-85

要点说明：

（1）错闪与扫拢应该同时进行。

（2）抓拿时，尽量要用自己左手牢牢抓紧对手持刀手的拇指，以便最大程度地掌控对手的持刀手。

变化形式：

这种顺时针扫拢反用对手武器刺对手大腿的应对模式，不但可以直接用左手做主体来完成，还可以用右手做主体来实施，只不过在右手实施过程中，把控对手持刀手的情形有所不同——左手实施时虎口朝向对手的持刀手，右手实施时小指侧朝向对手的持刀手。当然，也可以在右手把控对手持刀手的情况下，直接变换为基本模式一的变化形式。

基本缴械模式六

当对手持刀攻来时，实践者左手顺时针扫拢对手的持刀手，身体错闪到对手持刀手侧，右手从自己左手下方上穿到对手的持刀手腕后继续做顺时针扫拢，并承接抓拿其拇指来定位，使得对手持刀手心向下、短刀的刀身处于水平状态、刀尖向左；此时实践者将左手附于对手持刀手肘外侧，用前臂桡骨侧面发寸劲猛地向下切对手刀身平面，令对手撒手扔刀（图4–86～图4–90）。

图4–86

图4-87

图4-88

图4-89

图4-90

要点说明：

（1）左右手先后实施扫拢的时候，前后交替过程中不应该出现把控对手持刀手脱手的现象。

（2）在用前臂切对手短刀时，前臂一定要与刀身平面平行，发力方向则须垂直刀身平面，以防伤及自身手臂。

变化形式：

右手固定对手持刀手后，左手可以从其肘内侧沿前臂向下拖拽捋拿对手刀柄，将对手短刀夺下。战例图如图4-91 ~ 图4-93所示。

图4-91

图4-92

图4-93

二、对手持刀对实践者区域二攻击时

（一）对手右手正手握刀

基本缴械模式七

对手右手正手持刀攻击实践者区域二时，实践者右手顺时针180° 扫拢对手持刀手臂，顺势抓拿控制（图4–94 ~ 图4–96）；然后沿用基本缴械模式三对对手进行缴械处理即可。在这里，具体的文字部分说明不再赘述，请读者参见基本缴械模式三的详细讲解。

图4-94

图4-95

图4-96

基本缴械模式八

对手以右手正手持刀攻击实践者区域二，实践者左手顺时针180° 扫拢对手持刀手臂，接下来右手从自己左臂前下插至对手持刀手外侧，两手合控对手持刀手，然后沿用基本缴械模式一或二的形式来缴械处理。在这里，具体的文字部分说明不再赘述，请读者参见基本缴械模式一与二形式的讲解。

（二）对手右手反手握刀

相比较来说，以反手把持短刀对区域二的攻击要比正手把持短刀对区域二的攻击更加常见，这是缘于大多数人的自然习惯意识动作。

基本缴械模式九

对手反手持刀攻击实践者的区域二，实践者左手格挡止动，同时身体闪让，用右臂逆时针扫拢对手持刀前臂内侧180° ；然后双手把控对手持刀手，用外撇其右臂的方式进行缴械（图4–97 ~ 图4–103）。

图4–97

图4–98

图4–99

图4–100

图4-101

图4-102

图4-103

要点说明：

这个模式其实是标准防御模式一的变通应用，基本要点同模式一，此处不再重复。

变化形式：

相对上面左手格挡、右手扫拢形式的缴械，实践者也可以用右手格挡、左手扫拢的形式来进行缴械。对手反手持刀攻击实践者区域二时，实践者右手上抬格挡止动，接下来左手从对手短刀与前臂间上穿至其腕内，以自己小臂外侧贴紧对手刀身平面，仍然做逆时针扫拢，沿用模式四的方式进行缴械（图4-104～图4-110）。

图4-104

图4-105

图4-106

图4-107

图4-108

图4-109

图4-110

基本缴械模式十

针对区域二的反手持刀攻击，实践者也可以用双手格挡的形式进行止动；然后右手顺势抓紧对手持刀手腕，前臂上抬翻转用尺骨侧抵住对手短刀刀身平面，左手从下边把持住对手的持刀手；接下来双手合控对手持刀手向其身内平推到其胸前，再往下拖拽令其持刀手腕、臂受制，从而失去对武器的控制（图4-111~图4-117）。

图4-111

图4-112

图4-113

图4-114

图4-115

图4-116

图4-117

要点说明：

（1）实践者用右臂从上面抵控对手短刀的刀身平面时，一定要位置正确，否则易为刀所伤。

（2）实践者在双手合控对手持刀手的时候两手拇指相对，接下来一定按“先向对手身内推送再向下拖拽”的顺序来实施最终固臂扭腕，这是一个关键之处。如果单纯直接下拽对手的持刀手，就起不到制约对手的作用。

变化形式：

实践者在用右手前臂从上面抵住对手短刀的刀身平面的时候，接下来也可以用左手从其持刀手肘下方上穿，左手扒于其上臂上，左臂上抬固定其肘关节，右手下压其持刀手并沿对手前臂内侧向梢节捋拽夺下对手的短刀。

从表面上看，上述的十个所谓的标准防御模式千差万别、各不相同。但是，它们在本质上却存在着必然联系，即通过步法、身法配合手法以接触形式与对手攻击相接，使得其攻击路线发生改变，并借机实施相应的关节锁制技来完成最后的缴械，这个内容在本章第一节已有说明，这里不再重复。

尽管在前面的章节中定义了格挡、扫拢与抓拿这些基本手法概念，也明确了如何使用这些手法去实施接触防御，然而，我们还可以进一步总结为实践者在对手攻击到位前于其持刀手臂上施加横向的外力，在这个外力与对手攻击力的合力作用下使得对手攻击手臂做偏离原来预定轨迹的圆或弧线运动，进而处于背势。实践者作用在对手持刀手臂上的外力的方向（角度）、大小与持续时间决定了对手持刀手臂其后运动的方向与弧度，这才是上述不同的防御技法间出现外在差别的根本原因所在。当然，客观地讲，对手持刀手臂在外力作用下最终的运动形式还与其在接触外物碰撞瞬间本身的运动方向与力的大小相关，但是，实践者完全可以借助于其运动惯性做到借力打力，即顺势而为地予以施加外力，化不利为有利。

从总体上说，上述十个基本缴械模式囊括了众多的招式，无论对手从正面攻击哪个区域。正所谓万变不离其宗，基本缴械模式牢固掌握才是应时变通成功自卫的前提条件。所以烦请实践者多多用心、用功于基本缴械模式，如此才能在实际施用之时做到游刃有余。

三、针对区域三与四攻击的缴械

实践者可以变通地把用于防御区域一攻击的基本缴械模式套用到应对区域三的攻击上。比如，实践者可以放低身架从对手持刀手臂内侧用右臂扫拢启动防御；也可以在身架基本不变的情况下，首先用左臂做格挡止动，然后从对手持刀手臂外侧用右臂扫拢启动防御。如果实践者相当自信，还可以从对手持刀手臂外侧直接用右臂启动扫拢，这个时候左臂不再用于格挡止动，而是去刺对手的眼睛，攻防须同动。

同样的道理，实践者完全可以把用于区域二的防刀缴械模式变通用到防御区域四的短刀攻击上来，这里也不再重复赘述。

第三节　防御刺击

第二节所涉及的十个基本缴械模式，主要是针对在前四个区域内对短刀的攻击的防御。现在我们把对刺、特别是针对中线要害的刺，即对第五区域的防御做专门的论述。之所以单纯把这个第五区域防御拿出来作为一个独立的板块来讲解，就是因为正面直刺是最不容易防御的，这是由于人的视觉对前后运动判断的能力弱于对左右运动判断的能力。

首先需要明确的是，前面讲解的四区基本缴械模式也完全适应对五区刺的防御。用防御四区攻击的基本缴械模式用于防御中线刺时，只需要实践者通过步法运用与身法变换，把中线刺换化为前面四区攻击即可。在这个换化过程中，最为提倡的是把防御中线直刺变为对二、四区域攻击的防御，使自身尽可能置身于对手持刀手臂外侧。相关内容请大家自行参考前边的四区十个基本缴械模式，在这里就不再做过多的重复说明与示范。接下来，着重讲解一下抓拿用于对抗五区攻击时的缴械模式。

比较扫拢、格挡与抓拿这三类基本的防御手法，在用于实际防刀的时候，扫拢是最具安全性的技法。这是因为扫拢能够将对手的短刀置于离实践者自身更远的距离上。毋庸置疑，对手的短刀离实践者身体越远所产生的危险就小！但是，扫拢在狭窄空间内实施却受到限制。所以一旦在近距离与对手不期而遇，那么对应短刀攻击就不能再使用扫拢来防御，这个时候就应该用到抓拿了。那么有人会问，“格挡不是也能用于近距离防御吗，为什么非得用抓拿呢”？相对而言，格挡更适宜于应急，只是阻挡一下对手的进攻进程，抓拿才是深度控制。然而，在抓拿对手持刀手腕的时候，由于双方距离较为近，所以须“手疾眼快”去完成抓拿动作才能保证不会失手。还要注意的是，尽管抓拿对手持刀手到位得手，但是这并不意味着缩减了危险系数。这是因为对手的短刀依然对着实践者的要害部位，而且相对距离更近了。另外，在近距离格斗范畴上防御刀刺，大多数情况为趋于纠缠式格斗。纠缠式格斗简称缠斗，或者是直接由对手用非持刀手对你肢体加以控制的同时，用短刀对你正面要害进行刺击；或者是你在抓拿住对手的持刀手，对手用非持刀手来抓拿你的另外那只手来干扰你的防御行为。如此，便出现了敌对双方四臂相互抓拿在一起的胶着状态。

综合上述不难看出，近距离防御刀刺极具复杂性。总体上说，如果对手正手持刀做近距离进攻，更多时候是选择实践者中下盘要害作为攻击目标；如果对手反手持刀做近距离攻击，则通常选择实践者中上盘要害作为攻击目标。我们分别从这两个角度出发，对近距离内以抓拿为主体防御刀刺的技术作一详细讲解。

一、对抗对手正手持刀的中低位刺

当对手用非持刀手即左手抓拿住实践者右手手腕，同时用短刀针对实践者中下盘要害做低位刺，实践者近距离应急用左手抓拿住对手的持刀手腕；或者是对手近距离持刀做低位刺，实践者用左手抓拿住对手的持刀手腕，对手则用非持刀手来抓拿实践者的右手来干扰对抗防御（图4-118~图4-122）。

图4-118

图4-119

图4-120

图4-121

图4-122

一旦出现胶着僵持状态，实践者首先要做的就是两手交错用力，即抓拿对手持刀的手向对手方向施力抵制其刀刺的直线进程，被对手非持刀手抓拿的那只手要往自身方向回拽，与此同时身体需要保持内含以扩充双方间距。如果实践者双手这样用力来破坏对手的攻击与挣脱对手的束缚，对手势必以力相争。也就是说，对手要用与实践者相反方向的力来对抗实践者的抵抗。此时，实践者顺势变向交错用力，即抓拿对手持刀手腕的手要回拽，被对手抓拿的那只手要前推。但在这个过程中要把对手那只用于抓拿你的非持刀手臂从上或从下抵在短刀上，双手交错用力就能够用对手的非持刀手臂把他的短刀从持刀手里给撬出来（图4-123～图4-127）。

图4-123

图4-124

图4-125

图4-126

图4-127

用对手手臂从对手手里把其短刀撬出来技术实施的关键之处就是，一定首先赋形造势，即先拉开双方距离，迫使对手做硬性对抗，然后再因形就势即顺着对手的用力来实施去械缴刀。

在近距离对抗对手正手持刀低位刺时一旦陷入纠缠，最理想的应对方式方法就是用上述的以对手的非持刀手臂把他的短刀从持刀手里给撬出来，然后再实施后续攻击。但是有的时候现实情况非常复杂并非以我们自己意志为转移，所以在近距离对抗对手正手持刀低位刺的技术还需要进一步完善。

某些情况下，向上用力借用上盘肢体实施缴械，会遇到对手拼命抵抗。对此，实践者可把抓拿到的对手持刀手突然变向推送到对手下盘过位与其前腿时，把其短刀置于对手的前腿后面，如此再借对手反抗之势用对手的前腿将短刀从他手里撬出来。

上述战例的缴械原理是一致的，即都是通过用对手的肢体做契子将短刀从其手中撬出来。除此之外，实践者还可以用自己的手臂做契将对手的短刀从他手里撬出来。不过话说回来，这要比用对手肢体撬对手短刀危险性高一些，因为稍有差池就有可能割破自己用来做契的肢体。这里重点要提醒大家的是，要用自己抓拿对手的非持刀手的右手前臂做契，将其外侧贴紧对手短刀刀面，左右手交错反向用力时一定要垂直于刀面，这要既可以减少自己的受伤概率，也可以相当省力地把对手短刀撬出手来（图4-128～图4-131）。

图4-128

图4-129

图4-130

图4-131

在缠斗之初我们提倡，实践者用向对手抓拿手拇指方向旋腕的形式将自己右手从对手的束缚中解放出来这一应对方法，如若真的能够做到脱手，那么实践者只需用这只已经获得自由的手来配合已经抓拿住对手的持刀手腕的左手，再对对手的持刀手做进一步控制即可。需要提醒的是，最好在右手挣脱对手束缚之后，用其做刺眼攻击头面类的攻击来干扰一下对手。我们已经多次提到，这样有利于后续技术的实施与运用。

二、对抗对手反手持刀的中高位刺

如果对手右手反手持刀近距离攻击实践者的中上盘要害，实践者仍可以采用类似对抗对手正手持刀的低位刺的技法与策略来应对。

当实践者从对手手臂外侧抓拿住其进攻的持刀手腕，对手抓拿住实践者的右臂，对抗双方四手相互纠缠在一起的时候，实践者既可以用对手的非持刀手臂做楔（图4–132~图4–136），也可以用自己的右手臂做契，将对手的短刀从他手里撬出来（图4–137 ~ 图4–139）。

图4–132

图4–133

图4-134

图4-135

图4-136

图4-137

图4-138

图4-139

当实践者从对手手臂内侧抓拿住其进攻的持刀手腕，对手抓拿住实践者的左臂，对抗双方四手相互纠缠在一起的时候，实践者可以左臂肘关节为圆心做小幅度逆时针拿腕扫拢，用自己的左手前臂将对手的短刀从其手中撬出来（图4-140~图4-143）。这个内容我们在基本缴械模式中已经深入讲解过了，请读者自行参考前面的内容。

图4-140

图4-141

图4-142

图4-143

当然，如果能在初始争执时把右手从对手的控制中解脱出来，即可以配合左手对对手进行缴械。不可否认，双手配合的缴械形式是多种多样的，实践者可以临势择机而动。

第四节 重击防刀

在本章第一节中已经提到，可以通过对持刀对手要害部位的适时重击的形式来应对其刀攻。本小节我们就着重对这一内容做一细化讲解。

一、抢攻先击

在街头冲突起始阶段，如果对方首先持刀相威胁，作为实践者完全可以在对手启动攻击前对其发动抢先攻击。以“重击”将对手的首次攻击扼杀在“孕育”阶段。抢攻的成功实施除了需要实践者具备良好的洞察力外，在选择攻击武器与打击目标上还需要遵循“长程武器攻击近距离要害目标”这个原则，以提高攻掠（即抢先攻击的意思）效率。下面看具体的示例。

当对手持刀上举欲做进攻之势，实践者即可以运用直线步法快速冲刺到对手的前面，用右手标指直接戳攻击者的双眼。注意在这个抢先攻击过程中，一定要将左臂抬起来用以防护自己上中盘要害，此时左侧前臂内侧应该朝向实践者自己。实践者一旦得手，后边应该连续攻击（图4–144 ~ 图4–146）。

图4-144

图4-145

图4-146

如果实践者擅长腿技，也可以在步法的配合下突入对手防线，用自己的前腿对对手做抢先攻击，目标定位在对手的前腿膝关节、持刀手腕或裆部，对应实施的技法依次是侧踢、弹踢与向前的刺蹬。另外在用腿法攻击对方的过程中，时刻不能忘记用自己的手臂随时准备来防御对手的刀攻（图4-147～图4-150）。

图4-147

图4-148

图4-149

图4-150

如果实践者拳脚功夫过硬，可以直接对对手前置的持刀手臂予以抢先重击。这样不但能够伤到对手的肢体，而且能使其无法把持短刀，一举两得。

另外，实践者也可把手脚技法虚实结合起来用于攻掠。就是说，实践者仍需将干扰策略运用到抢先攻击。毋庸置疑，这样做的目的在于提高得手的成功率。

二、让位阻击

当对手启动了攻击进程，但没有到达预定的攻击目标时，实践者可在让位闪避对手攻击的过程中施以重击来截击，即阻止对手攻击。让位，我们提倡三角步配合身法的偏转，给对方的攻击让路，与此同时又能置身于最佳的反击位势之上。当然，如果实践者能够精准地把握时机的话，也可以做原位不动的截击，还可以做前后脚对调式的让位阻击，甚至可以做前进式的迎击。

对手持刀做区域一进攻的时候。实践者左脚向左前以三角步侧身闪让对手的攻击。为了提高安全性，在这个三角步闪让过程中，实践者需要将左手置于面颊右侧。与此同时用右手撩拍对手裆部要害（图4–151 ~ 图4–153）。

图4–151

图4–152

图4–153

实践者右脚向右前以三角步侧身闪让对手的攻击，同时用右手对对手的持刀手腕内侧猛击，攻击到位后顺势回收再做向前的攻击（图4–154 ~ 图4–157）。

图4–154

图4–155

图4–156

图4–157

实践者也可以采用倒身侧踢或侧身勾踢应对。上盘倒身或侧身闪让对手短刀攻击，下盘用离对手最近的腿用侧踢攻击对手前腿的膝关节，或是用勾踢攻击对手的中下盘要害（图4–158 ~ 图4–160）。实践者在攻击得手后，攻击腿下落的同时还需要用其同侧拳对对手上盘再做补充攻击，以保证让对手失去最终的攻击力。

图4-158

图4-159

图4-160

三、过位追击

当实践者通过相应的步法、身法将对手的主体进攻化解之后，乘对手惯性运刀或收刀之机做跟进式重击即是过位追击。过位是追击的前提，只有让过了对方的进攻才能实施追击。与让位阻击相类似，过位追击在步法运用上既可采用左右三角步，也可以采用前后直线步法。需要强调的是，让过对手攻击的瞬间即应该启动重击。与对手的收刀比较来说，追击属于后发但却要求先至，即在对手短刀收至预定位置之前攻击到对手。所以，在反击技法与攻击目标的选择上，仍然需要遵循长程武器打击就近要害这一原则。另外，如果可能，实践者在进行追击的时候尽量附带对对手的持刀手臂加以束缚，如此来提高追击过程中自身的安全性。

无论是就抢攻先击而言，还是让位阻击、过位追击来说，只有最先启动对对手刀攻的反击才是最安全的、最具效率的。也就是说，作为实践者应该尽可能早地采取反击行动来应对刀攻。

第五节 倒地防刀

地面防刀指格斗双方相互纠缠在一起倒地后或是倒地后纠缠在一起，实践者身处在下位仰面应对上位的对手短刀攻击。相对而言，地面防刀要比站立防刀困难得多。这是因为实践者身处下位以背触地，步法则无从实施，自身行动受到很大程度的制约，这样就会直接影响到实践者攻防技术发挥的实际效果。加之身处优势上位的对手的攻击与控制，实践者在位势调整上的能动性受到极大限制。所以，我们认为地面防刀是最具难度的。一旦陷入此中，实践者则须更谨慎对待，稍有疏漏，后果将难以想象。

下面我们根据身处上位的对手具体位势的不同，对地面防刀技术加以分类讲解说明。

一、对手处于骑乘位置时

当对手处于骑乘位置，即对手骑坐于实践者躯干上方且两腿膝盖夹紧的时候，这种情形之下，对手无论采取什么具体技法，无论是刺还是割削都基本被限定在双方躯干夹角之间。这个角度越大就越利于持刀手臂的屈伸，正手持刀技术则越容易发挥，角度越小则越不利于正手持刀技术的发挥。由于双方距离特别近，一般情况下，骑乘时双方躯干角度不会大于90°，相对而言，这个角度是不利于正手持刀技术的施用与发挥的。这决定了对手最适合的持刀攻击方式就是反手持刀刺。对手从上位做反手持刀刺则顺应于手肘生理功能，完全可以“很舒适”地挥动短刀而加大攻击力度。那么有读者可能会质疑为什么是刺不是割削呢？原因其实还是基于双方空间限定，刺与割削比较是占据空间最小的技法！

除了对骑乘之敌常用进攻技术种类分析确认外，还需要做的就是对其攻击目标加以确定。通常而言，从前胸至头面都有可能成为上位骑乘对手持刀攻击的目标。有读者可能会问：“攻击目标为什么就不能是胸部以下呢？”其实回答这个问题很简单——一般情况下，攻击目标在前下方，对手就不应该把自己的短刀拉、挥至自身躯干后边。否则，不但不顺应于手肘正常运动的生理功能，而且易于自伤。就此而论，我们可以大体地认为对手从上位做持刀攻击的目标多集中在其髋关节前至前臂距离以上的区域。

对于地面防刀，我们可以认为是站立式防刀的另类应用。与站立防刀不同的是，双方距离较近危险性提升，然而这并不等于说应对于此无计可施。相反，通过上面的分析得出对手上位持刀攻击时技法变化不多，攻击目标集中的特点，基于这些，我们完全可以借助于站立式防刀的模式略加变通来应对地面纠缠中来自上位对手的持刀攻击。

（一）对手骑乘式右手反手持刀做区域一攻击时

实践者即可用左手抓住对手持刀手腕，按照站立防刀基本缴械模式四以应对。当对手的持刀手臂及身体被你拉扯倾斜的时候，实践者只需要用右手抵住对手的左髋，屈自己右腿，右脚掌撑地同时挺腰髋起桥，然后沿着左手拉扯对手方向滚身，即可以相当顺利地把对手从自己身上掀翻到地面，从而使得双方位势发生互换。在实践者占据优势位置后，两手合控对手持刀手，最后实践者用左手将对手的短刀从其手中捋拽出来（图4–161～图4–167）。

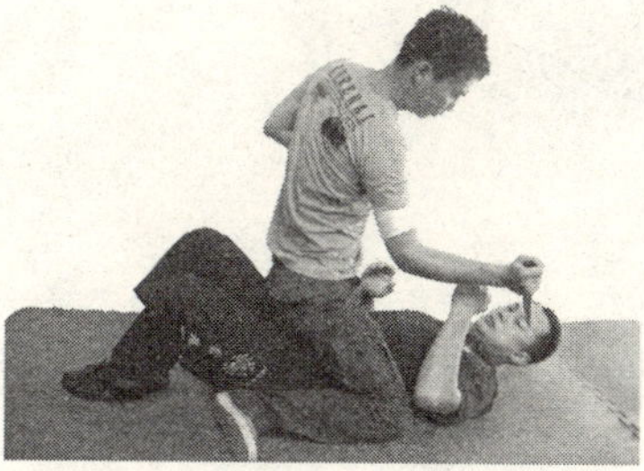

图4–161

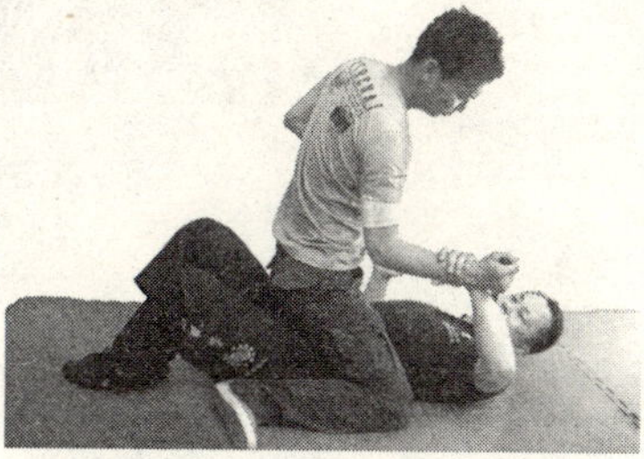

图4–162

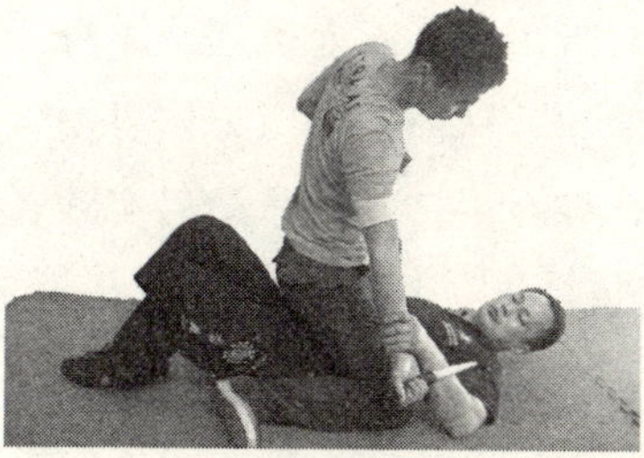

图4–163

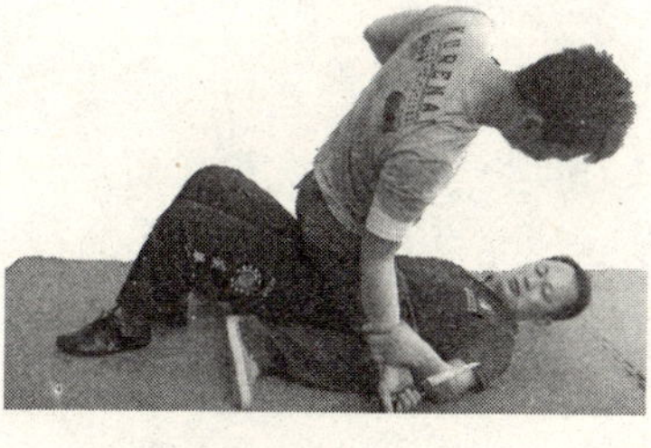

图4–164

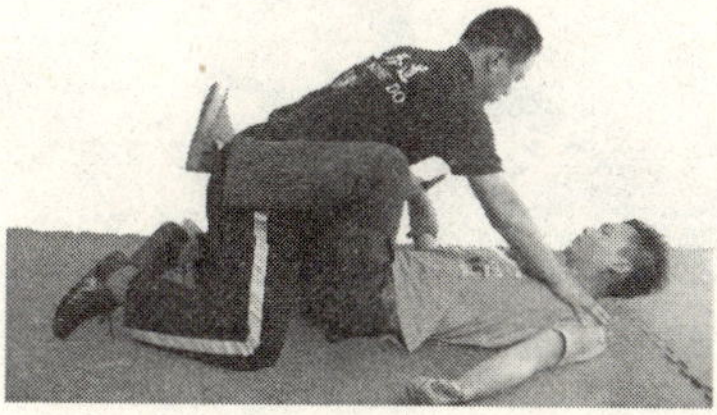

图4–165

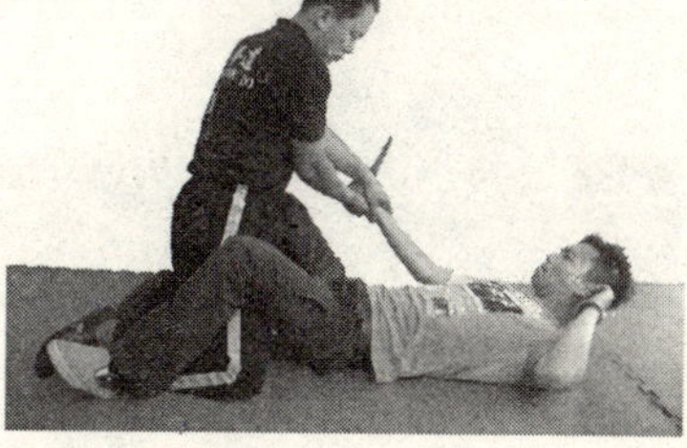

图4–166

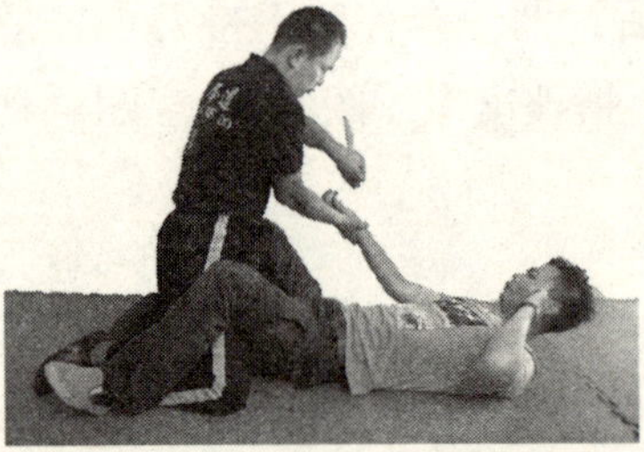

图4-167

（二）对手骑乘式右手反手持刀做区域二攻击时

实践者即可用右手抓住对手持刀手腕应急，与此同时用左拳攻击对手裆部要害；在应急与干扰对手后，实践者用左手扒住对手持刀手肘弯处向自己左侧拉扯，与此同时双脚撑地腰髋上挺起桥滚身，如此上下配合将对手从自己身上掀翻到地面，从而使得双方位势发生互换。在实践者占据优势位置后，两手合控对手持刀手，最后实践者用右手将对手的短刀从其手中撸出来（图4-168～图4-173）。

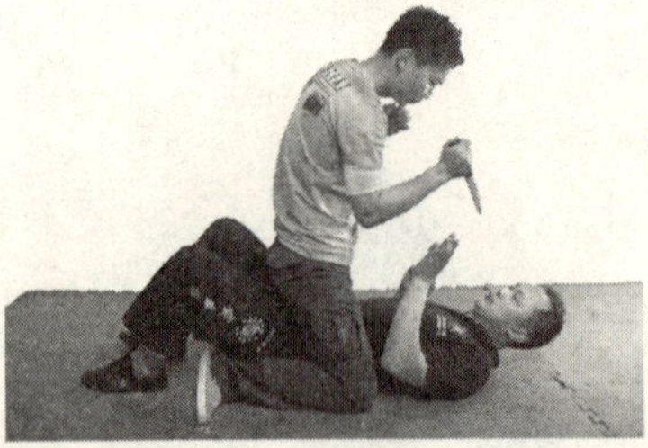

图4-168

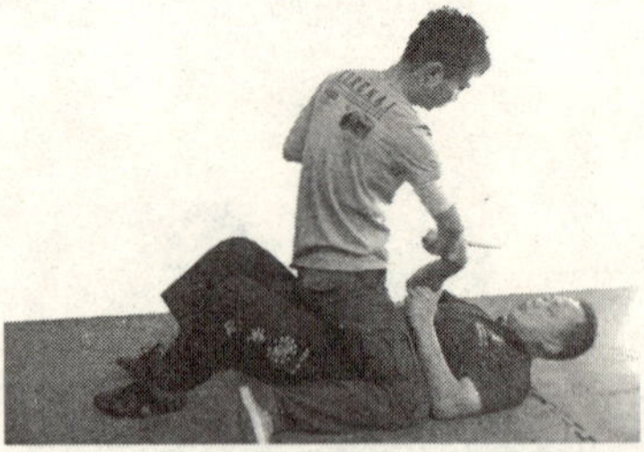

图4-169

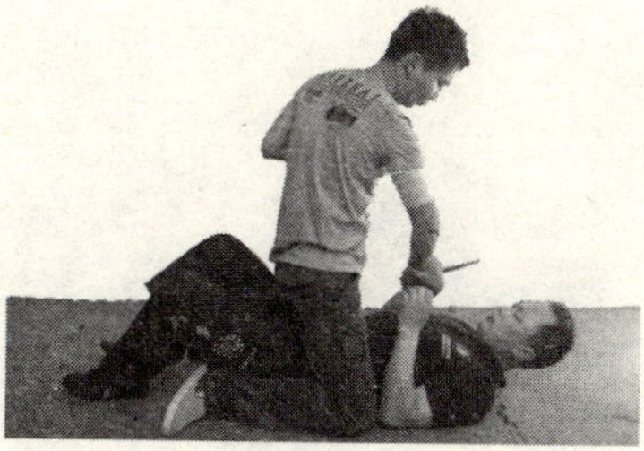

图4-170

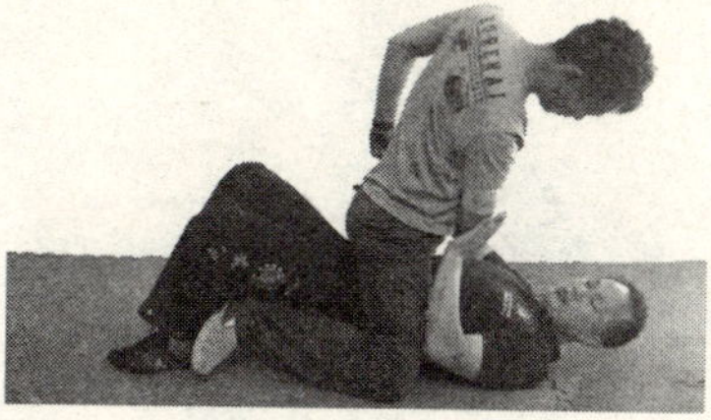

图4-171

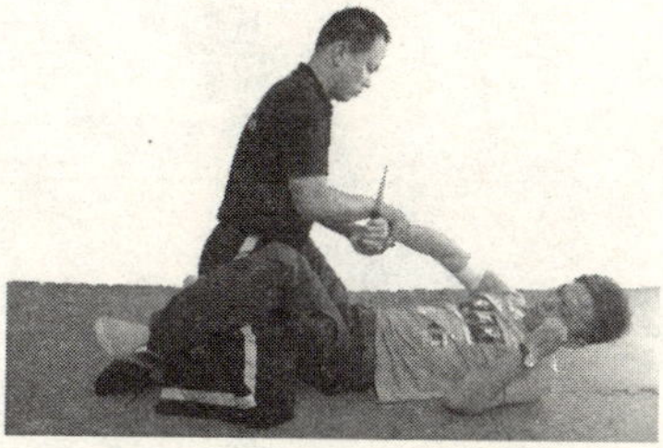

图4-172

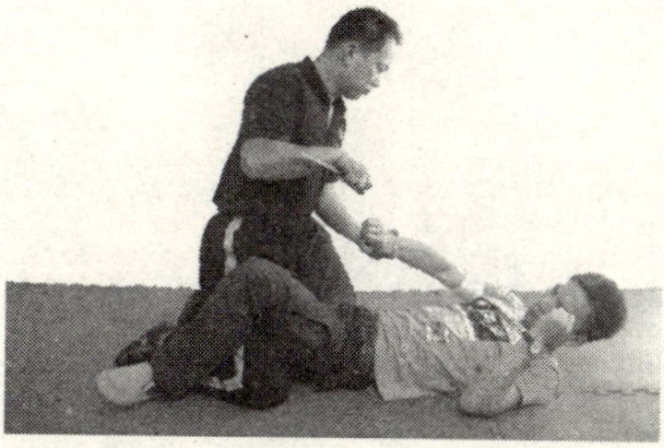

图4-173

（三）对手骑乘式右手反手持刀做区域五攻击时

实践者以基本缴械模式五来应对。在逆时针外撇对手持刀手臂过程中，实践者只需屈自己右腿令右脚掌撑地沿着左手拉扯对手方向起桥滚身，即可以相当顺利地把对手从自己身上掀翻到地面，从而使得双方位势发生互换。在实践者占据优势位置后，两手合控对手持刀手，最后实践者用右手将对手的短刀从其手中搓出来（图4-174～图4-180）。

图4-174

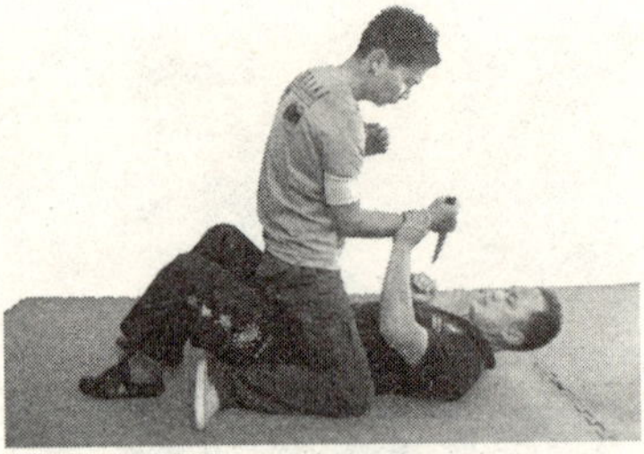
图4-175

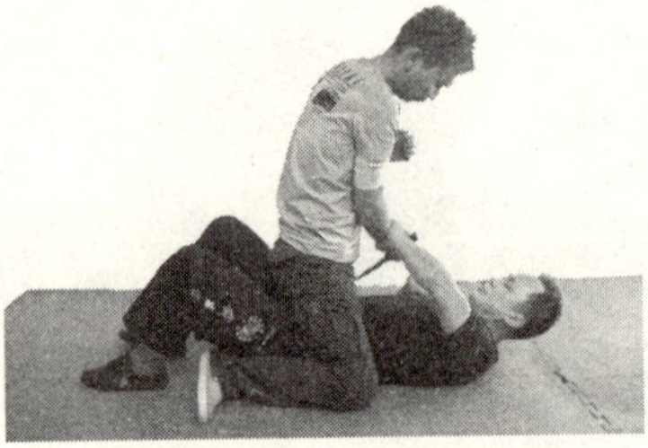
图4-176

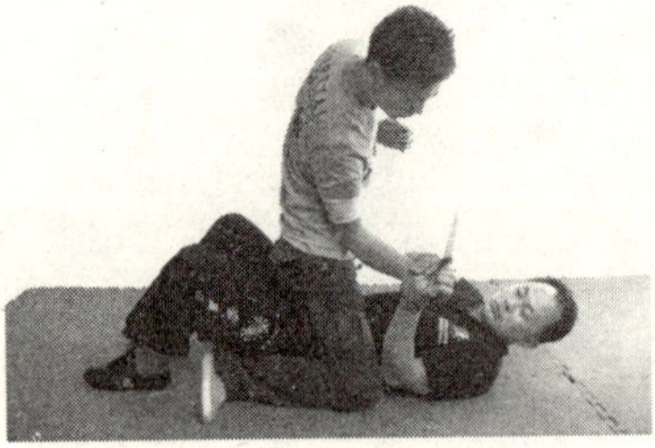
图4-177

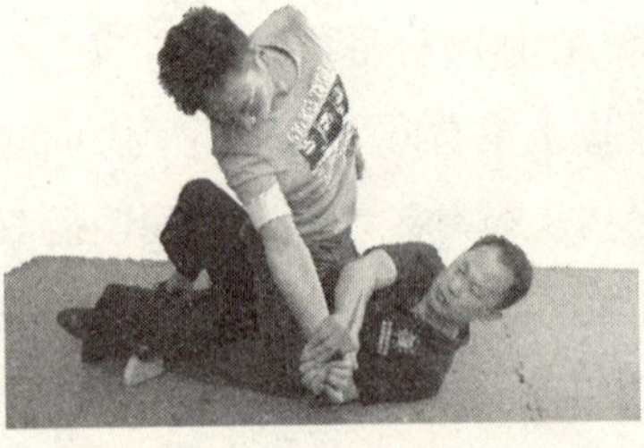
图4-178

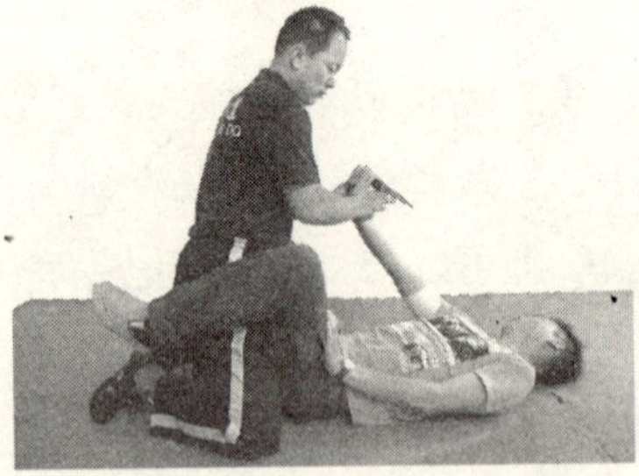
图4-179

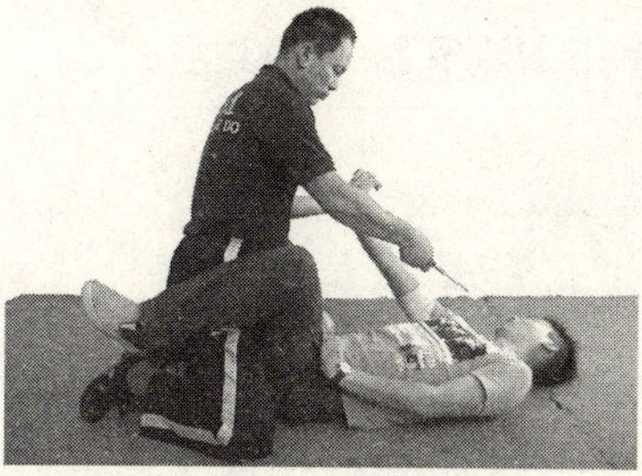

图4-180

二、实践者处于封闭式防守状态时

当实践者处于封闭式防守状态，即对手处于实践者两腿之间，实践者用两腿夹住对手的腰背，两脚踝合扣在一起的时候。

区别于对手处于骑乘位势，当实践者处于封闭式防守时，因为对手处于实践者两股间，所以对抗双方间的相对空间要较对手处于骑乘位势大一些，攻击形势相对而言多样一些。但是，实践者对对手中盘用腿实施了缠控，如此令对手实际活动仍然受到限制与阻碍。

区别于对手处于骑乘位势防刀技法，当实践者从封闭式防守状态应对持刀攻击时，在应急抓拿对手持刀手腕的同时，可以附加刺眼等技法干扰对手。另外，如果实践者想从下位起身，就不能单纯以起桥为主体即用自己的髋关节的翻挺来实现，而此时则更需要整身横滚来完成。再则，就是由于实践者双腿在启动反击的时候位于对手中盘，所以既可以上移，配合双手动作形成十字固；也可以下落，配合滚身把对手掀翻在地。下面我们看具体的实例演示。

（一）对手反手持刀刺实践者中上盘时

实践者可用左手抓住对手持刀手腕，同时右手标刺其双眼，按照站立防刀基本缴械模式四的方法应对。当对手的持刀手臂及身体被实践者拉扯倾斜的时候，实践者需要用右膝抵住对手的腹部，同时把缠在对手中盘的左腿抽回来，并用脚底抵住对手右大腿面近地面位置；接下来实践者身体从右向左逆时针横滚，同时左脚下蹬对手右腿大腿面，如此乘势起身将对手反骑于自己身下，进而缴械（图4-181～图4-188）。

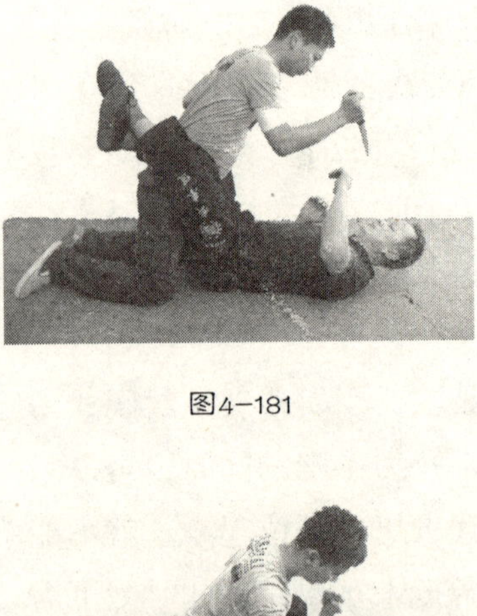

图4-181

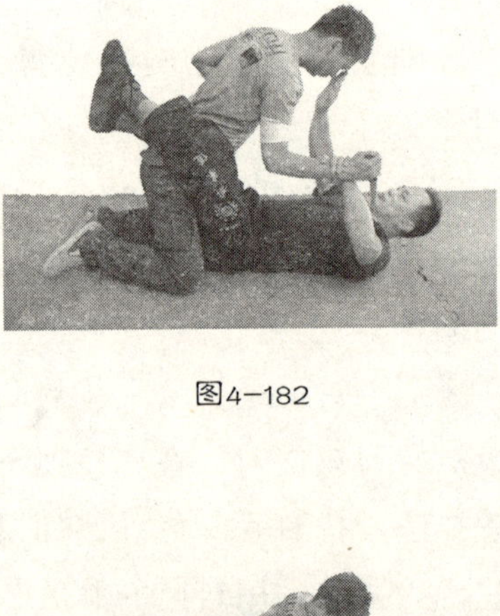

图4-182

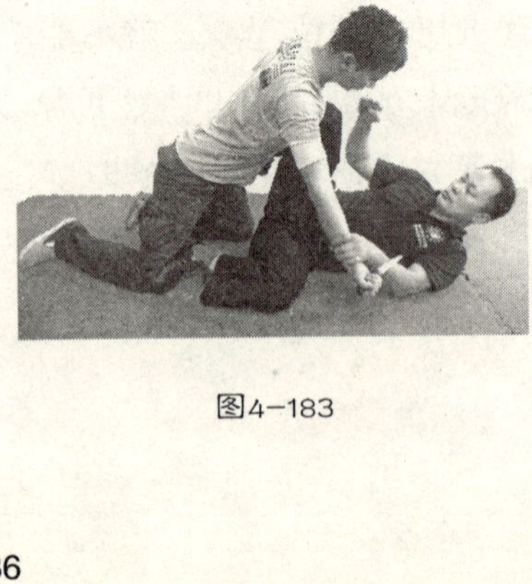

图4-183

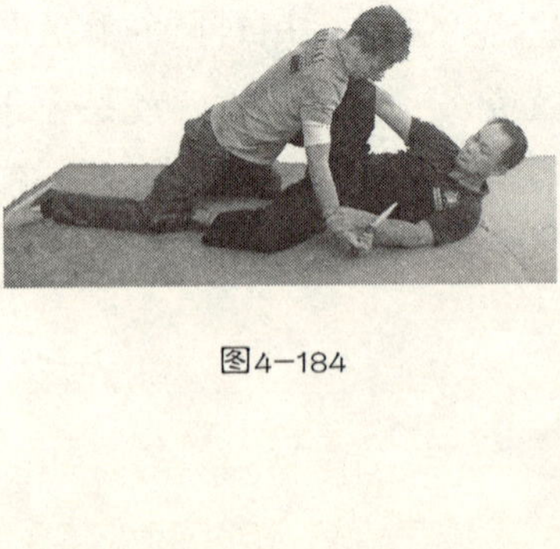

图4-184

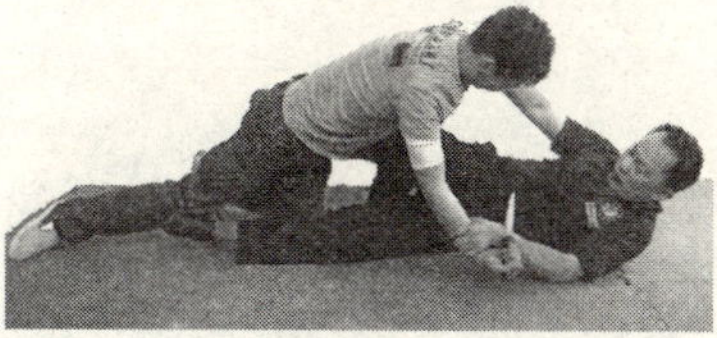

图4-185

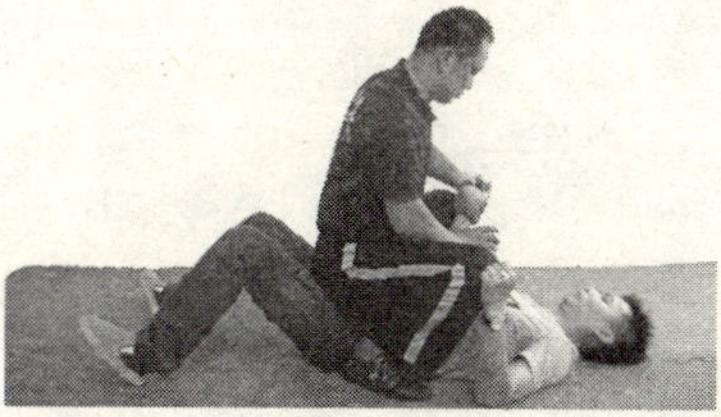

图4-186

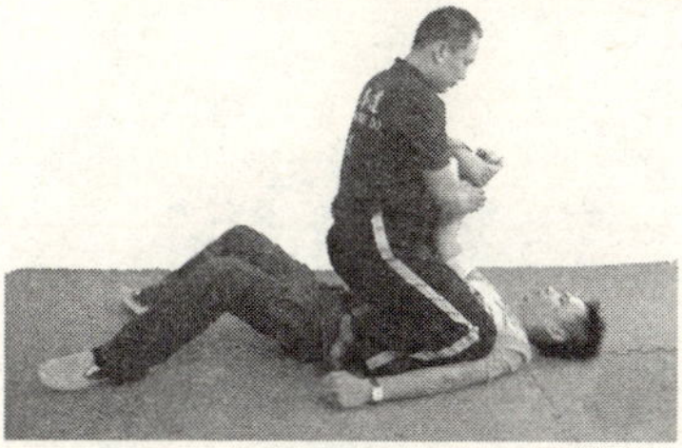

图4-187

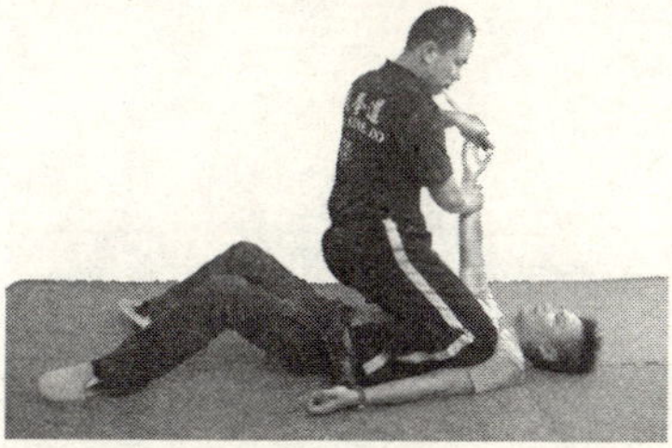

图4-188

（二）对手正手持刀刺实践者中上盘时

实践者可用左手向右扫拢、抓拿对手的持刀手，把对手的持刀手上臂拉带至自己头面脖颈右侧；接下来双手配合从对手颈后勒住对手脖子，用力贴近到自己身体上，同时双脚下落夹住对手下盘做全面缠控；实践者从右向左滚身把对手压在身下，最后通过绞颈制服对手（图4-189 ~ 图4-195）。

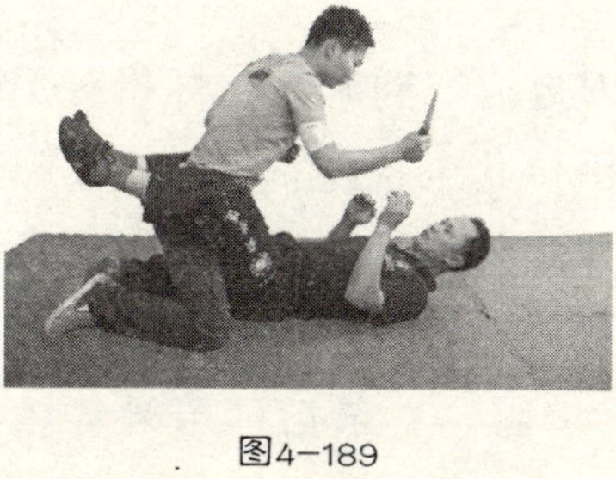

图4-189

图4-190

图4-191

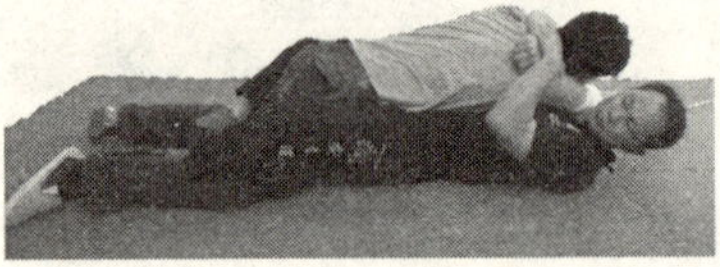

图4-192

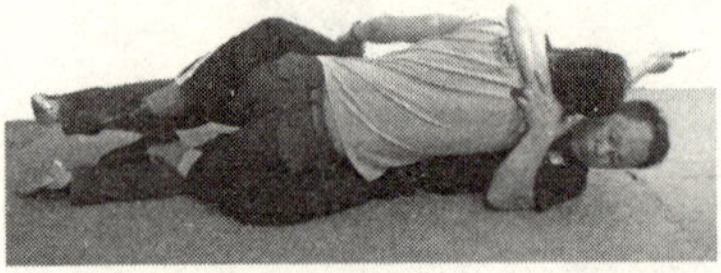

图4-193

图4-194

图4-195

（三）对手正手持刀刺实践者中上盘时

实践者可用左手格挡对手的短刀进攻，同时右手标指对手双眼；然后双手配合抓拿对手的持刀手拉其至自己右肩侧；左腿从对手腰间上抬至对手持刀手臂上方并过其头下落至其颌侧，身体由左向右翻转，对手持刀手臂被实践者双手抓拿向上用力与双腿缠控向下用力，定型为侧身的“十字固”；最后即可顺势缴械

（图4-196 ~ 图4-203）。

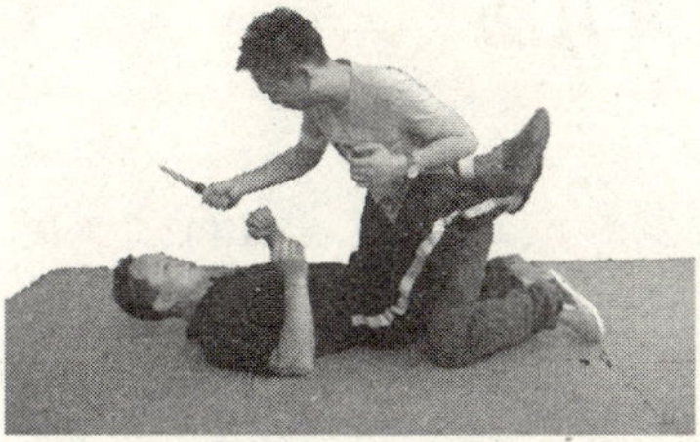

图4-196

图4-197

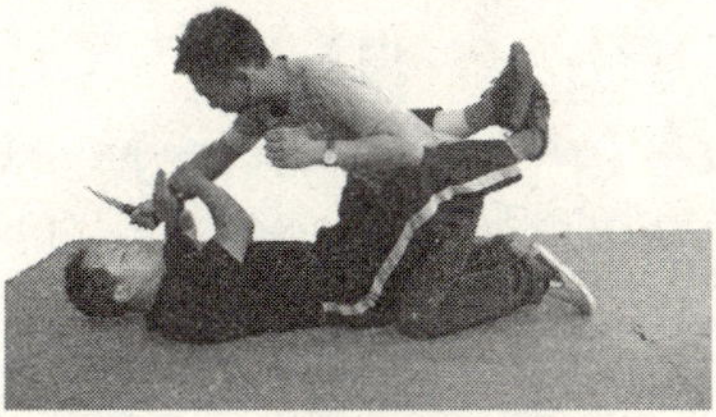

图4-198

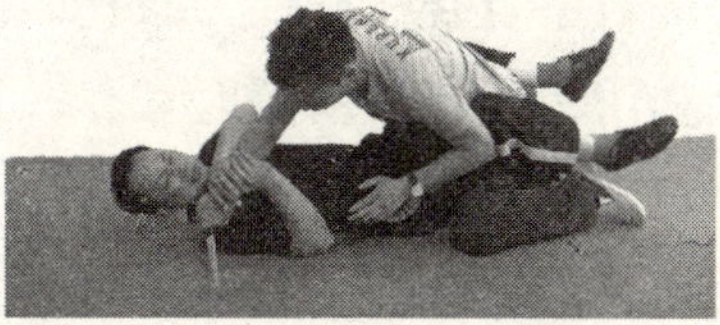

图4-199

图4-200

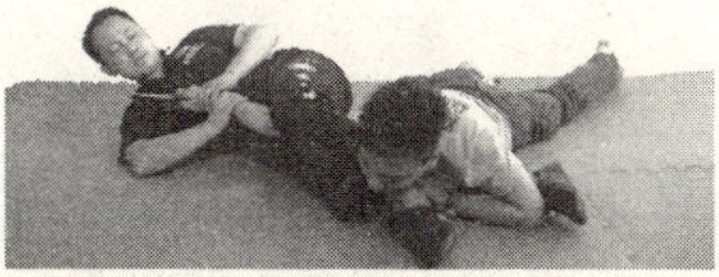

图4-201

图4-202

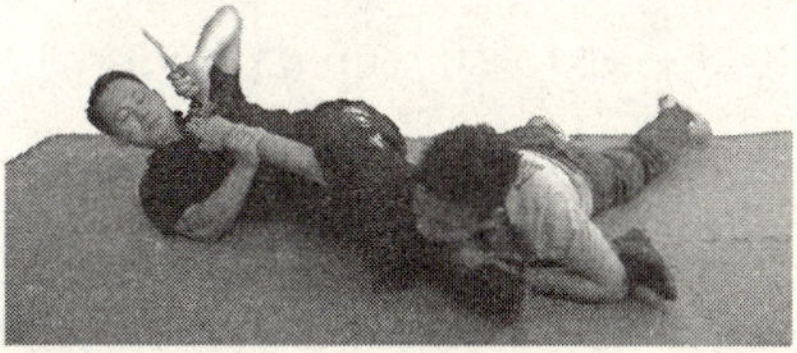

图4-203

第六节　对抗刀胁

在现实自卫当中防御短刀，除了要应对不法侵害者直接实施刀攻外，还经常会遇到对手用短刀来胁迫受害者的情况。从本质上讲，以刀相胁迫是对手为了达到某些特定的目的，自动地在从出刀至伤及目标这个过程中人为制造了的一个中断点。基于断点性质，如果实践者能够确实利用好对手人为的攻击中断点的话，那么这与对抗对手直接实施的刀攻比较起来要容易许多。但是，不要忘记对手利用短刀相威胁的时候，其武器与自卫者间距相对要近得多，这使对手从这个位置做进一步深入攻击的得手效率大大提升。所以作为自卫一方，在实施对抗对手以短刀相胁迫技术的时候，一定要当机立断来不得半点犹豫，否则，后果极其严重。

一、对手持刀逼迫于实践者胸前或腹前时

（1）实践者身体右转同时用左手从上向下抓拿对手持刀手，注意自己抓拿手的虎口向着对手的手指方向，然后身体向左回转，直接用模式二后半程动作来应对。更可以在缴械的同时，顺势攻击对手的头面要害（图4–204 ~ 图4–207）。

图4–204

图4–205

图4–206

图4–207

（2）实践者吞身让位，同时用双手掌外沿或掌根交错打击对手持刀手腕内侧与手背的形式令对手失去对武器的控制。如果对手短刀的位置低一些，这个时候交错打击对手时，实践者手指向下（图4–208~图4–210）；相反，如果对手的短刀位置相对高一些，进行交错击打时，实践者手指应该向上（图4–211 ~ 图4–213）。

图4-208

图4-209

图4-210

图4-211

图4-212

图4-213

（3）实践者还可以侧身接左右手扫拢配合抓拿的形式将对手持刀手肘做反关节控制（图4–214～图4–217）。

图4–214

图4–215

图4–216

图4–217

二、对手持刀逼于实践者颈前或颈侧时

（1）当对手把短刀置于实践者脖颈左侧相胁迫时，实践者不要通过身体的左右侧转来闪让对手的短刀，最好的应对形式是需要双手配合控制对手持刀手腕垂直下压，同时用自己前胸抵其持刀手

背，如此前后、上下对其持刀手腕对折发力，最终使得对手撒手扔刀（图4–218 ~ 图4–221）。

图4–218

图4–219

图4–220

图4–221

（2）当对手把短刀置于实践者脖颈右侧相胁迫时，实践者可以完全按照防御胸腹刀逼（1）或（3）的方式加应对。另外就是，实践者也可以采用双手配合控制对手持刀手腕垂直下压并右转体的形式，最终完成对对手持刀手臂的反关节控制同时完成缴械（图4–222 ~ 图4–226）。

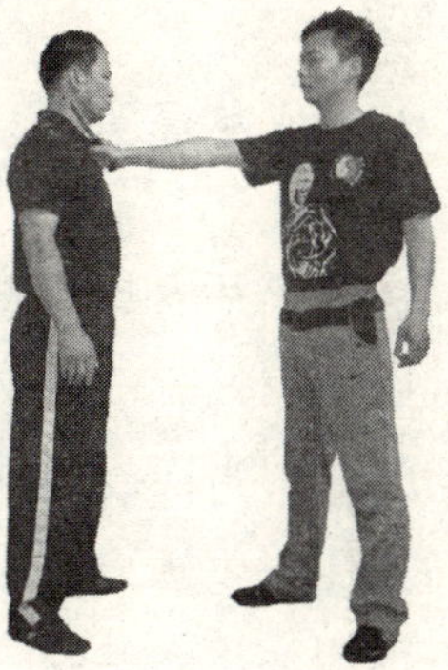
图4-222

图4-223

图4-224

图4-225

图4-226

三、对手在背后持短刀威逼的应对与破解

（1）当对手置身实践者背后，其非持刀手从后环控实践者身体一侧，并在另一侧以短刀置于实践者上臂后肋间处相威逼时，实践者须身体右转，同时用自己右臂抵住对手的短刀平面，将其压在对手的身上。这里需要注意一点，就是向后抵压对手短刀时不要做屈肘动作，否则，对手容易把短刀从你肘下滑脱而出，寻隙攻击你的空当。对于实践者的抵压动作，由于大多数对手的第一反应就是对抗，所以实践者右臂的抵压与对手抵触将短刀固定得相当结实。接下来，实践者用左手抓住对手的持刀手腕用力外拉，令对手失去对短刀的控制。实践者可以采用扻肘、拍裆、击下颌、切臂摔等系列动作对对手实施后继攻击，最终制服对手（图4-227 ~ 图4-236）。

图4-227

图4-228

图4-229

图4-230

图4-231

图4-232

图4-233

图4-234

图4-235

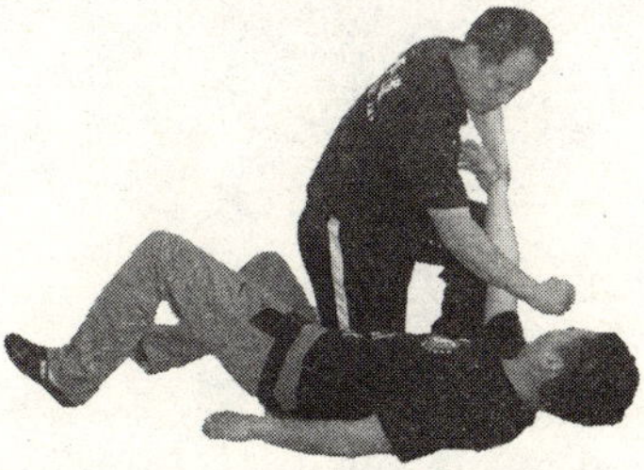
图4-236

（2）当对手置身实践者背后，其非持刀手环控实践者身体一侧，并在另一侧以短刀置于实践者上臂前肋间处相威逼时，实践者需要用自己的左手抓住对手持刀手腕向外推送，并且扭拧对手持刀手腕至短刀刀尖向下，与此同时，实践者身体右转把右前臂收至左臂下；然后实践者或者以右手手掌向上的形式做推送式夺刀（图4-237~图4-241），或者以右手掌心向下以前臂贴于短刀平面发力将短刀从对手手中撬出来（图4-242 ~ 图4-245）。最后防御仍然可用扣肘、拍裆、击下颌、切臂摔等系列动作对对手实施后继攻击来制服对手。

图4-237

图4-238

图4-239

图4-240

图4-241

图4-242

图4-243

图4-244

图4-245

（3）当对手置身于实践者的背后，其非持刀手抓控实践者的左肩，用短刀抵住实践者的脖颈右侧相胁迫时，实践者只需左腿向前微微上一步，同时身体右转，右臂上抬扫拢对手持刀手肘最后抓拿其腕，与此配合左臂扫拢控其持刀手肘，整体动作顺时针旋身大于270°即可反关节控其持刀手肘将对手制服（图4-246～图4-250）。毋庸置疑，实践者可接继对对手进行深度打击。

图4-246

图4-247

图4-248

图4-249

图4-250

（4）当对手置身于实践者的背后，并以左手控制实践者左臂，右臂环控于实践者脖颈前用短刀刀锋抵于颈左侧位置时，实践者须挣脱对手控制，用左手抓住对手持刀手腕并外扒，来缓解或阻碍对手攻击动作的深入，同时实践者用右臂下压其持刀手肘令其下沉紧贴于自己右上臂之上；接下来抱紧对手持刀手臂以右腿为轴向右转体180°，进而脱离对手的控制同时双手控制对手的持刀手臂外撇把对手制服（图4-251 ~ 图4-254）。

图4-251

图4-252

图4-253

图4-254

（5）当对手置身于实践者的背后，并以左手控制实践者左臂，右臂环控于实践者脖颈前用短刀刀锋抵于颈左侧位置时，实践者双手抓住对手持刀手腕向下用力拉拽，以图扩展自己的活动空间，对于此举对手用增加环控力度来对抗实践者的反抗；这种情况下，实践者需要用自己的左腿后挑对手右腿，使得对手重心发生变化。实践者则借机将自己左脚从对手右脚后绕于其右侧，然后上身向左侧挤靠对手，上靠下绊使得对手失衡倒向左侧；这个过程中实践者双手抓紧对手持刀手腕不放，身体团缩左转从其右臂挟控中解脱出来，最后需要顺势对敌进行深度控制或缴械（图4-255～图4-263）。

图4-255

图4-256

图4-257

图4-258

图4-259

图4-260

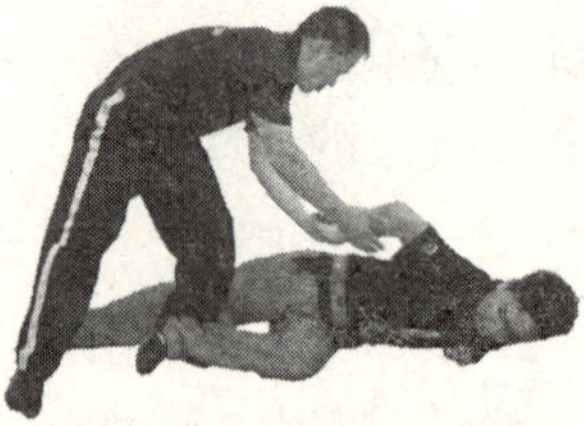
图4-261

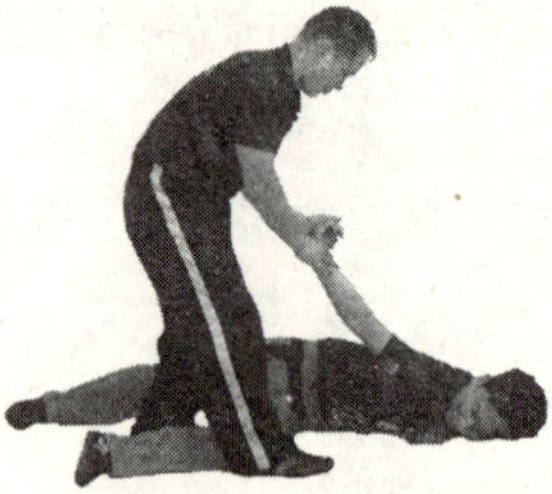
图4-262

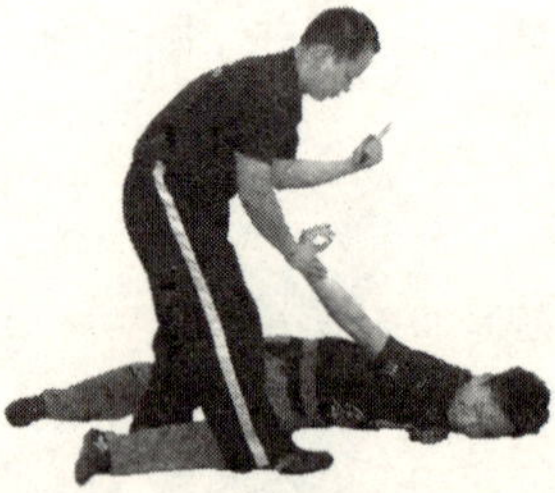
图4-263

（6）当对手置身于实践者的背后，并以左手控制实践者左臂，右臂环控于实践者脖颈前用短刀刀锋抵于颈左侧位置时，实践者也可以双手抓住对手持刀手腕向下用力拉拽，使得自己活动空间增加；接下来双手抓紧对手持刀手腕不放，左脚后撤身体团缩左转从其右臂挟控中解脱出来。这个过程中实践者既可以用对手短刀刺其胸或肋，也可以拉直对手持刀手臂做折腕反控制服对手（图4-264 ~ 图4-269）。

图4-264

图4-265

图4-266

图4-267

图4-268

图4-269

（7）当对手置于实践者的背后，并且用短刀抵于实践者身后进行胁迫的时候，我们可以基本上可以采用两种方式加以应对与破解。一是，左脚后退一步，身体逆时针旋转大于180°，身体尽量从对手中线右侧挤入对手内围，同时左手由下搂控对手持刀前臂，右手拳肘直袭对手面门；接下来右手从对手持刀手臂上面扒住对手后颈向自己中线方向拉拽，左手则配合右手控制住对手持刀手前臂不放，这样最终将对手持刀手臂反关节拿住。实践者也可以在击中对手的头面后，左手控制对手的持刀手，右手反手下拉对手的脖颈后脑，起右膝攻击对手的头面要害（图4–270 ~ 图4–274）。

图4–270

图4–271

图4–272

图4–273

图4–274

二是，通过右脚后退启动顺时针转体的形式反关节控制对手持刀臂（图4–275 ~ 图4–279）。

图4–275

图4–276

图4–277

图4–278

图4–279

第七节　抢攻止动

如果在打斗实际接触之前，实践者能够在对手出刀前感知到对手的攻击意图，并且能够在第一时间有效地阻止对手拔刀。这种情况下如果得手，其相对于徒手对抗冷兵攻击要容易许多。如若想抢先在对手拔刀前阻止对手出刀，至少需要满足两个条件，即敏锐的洞察力与有效制止对手出刀行为的动作。

从短刀携带与藏匿角度，我们可以相应地制订阻止对方出刀的方案。

把短刀别于腰间或是插于裤袋是最常见的短刀携带与藏匿方式，基于此，实践者只需要在对手拔刀前用控腕拿肘形式固定其持刀手臂，同时实施必要打击来阻止其出刀即可。如果条件合适，实践者也可以用一手将对手的短刀按压固定在对手身体上，用另一只手直接向外拉扒对手持刀手腕，如此使得对手脱离对短刀的控制（图4–280 ~ 图4–283）。

图4–280

图4–281

图4–282

图4–283

相对于常见的短刀藏匿方式，下面我们针对一些特例解决方案加以讨论说明。

当对手把短刀藏于胸前、背后时，对于这些情况，实践者在洞悉对手用刀意图时，同样可以采用控腕拿肘形式控制其持刀手臂来阻止对手出刀（图4–284～图4–286）。

图4–284

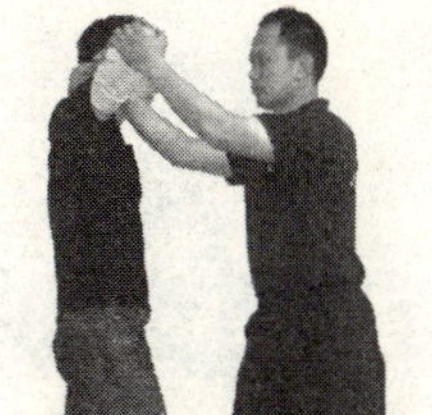

图4–285

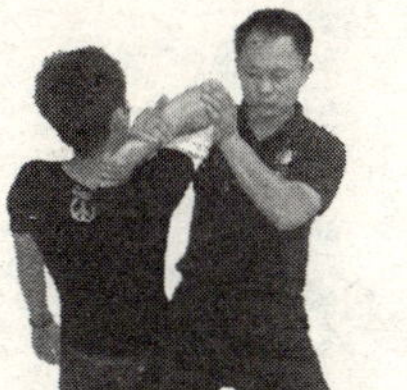

图4–286

当对手把短刀绑缚于小腿或藏于靴鞋内时，如果对手矮身拔刀，那么实践者可以直接起脚攻击对手的头面，阻止对手出刀。当实践者以骑乘势把对手压于身下的时候，实践者可以通过两种方式阻止对手出刀，一是用自己的左膝跪压对手的右大腿内侧，令其不能屈膝进而不能做到拔刀；二是用自己的左腿限制对手右手活动范围，进而阻止对手拔刀动作的完成（图4–287～图4–291）。

图4–287

图4–288

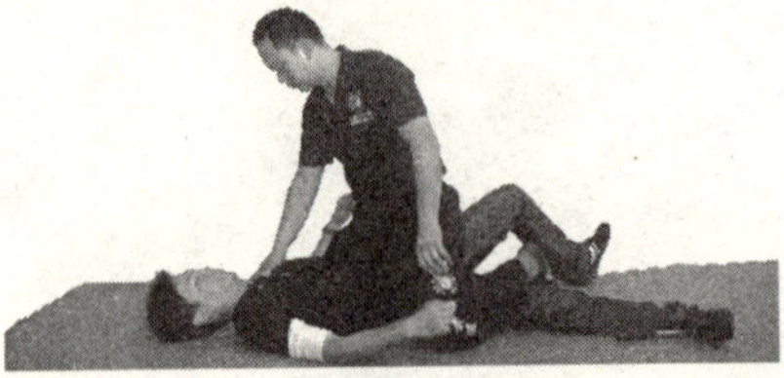

图4–289

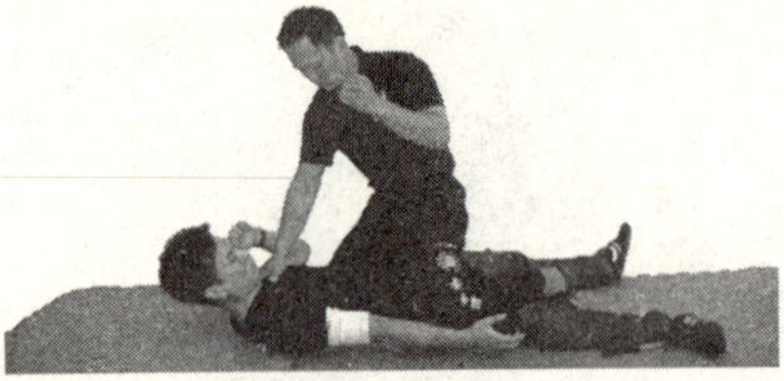

图4–290

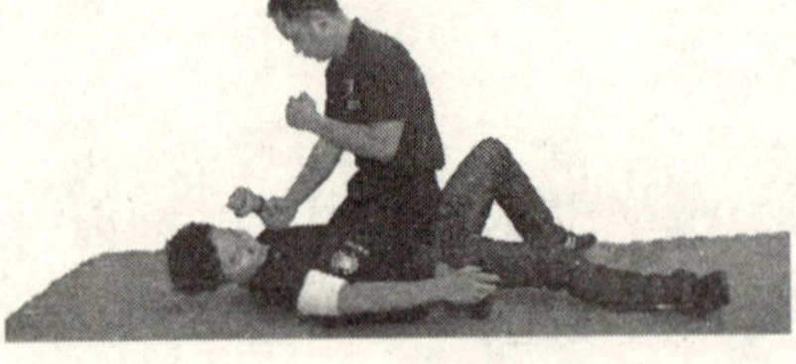

图4–291

当然，如果实践者能够确实体察到对手的攻击意图，也可以在对手发攻击前抢先发起对对手的攻击，即以攻止攻，以重击、一招制敌的形式迅速结束战斗，如此也就不必为复杂的防御对手冷兵攻击而操心了。另外还须重复说明的是，阻止对手出刀并非是防御的最终目标，防御的根本目的在于逃离对手的攻击或令对手不能攻击，进而使自己的人身安全获得保证。所以实践者一旦成功地阻止了对手的出刀，接下来就应该对对手做连续的补充攻击，或借机逃之夭夭。通常来说，从直接接触的对手面前脱身并不是一件容易的事。因而，阻止对手出刀后，实践者更需要做后续攻击来重创对手，这样做既能够使得对手丧失攻击力，还可以为脱离对手的纠缠营造必要的条件。这也是我们在演示阻止对手出刀时为什么要添加后续攻击动作示范的原因所在。

第八节　训练指南

这一节是本书的重点所在。徒手对刀不但前承外围的刀攻技术，其技法能够直接应用于现实的自卫防御当中，而且后启持械对刀部分，所以熟练掌握这部分内容的技术动作势在必行。

徒手对刀从常规应对与非常规应对角度加以分类。常规应对则是把基本站位到接触手法等基础技法应用归结为十个基本缴械模式；非常规对应则是针对地面纠缠防刀、站立纠缠防刀、对抗刀逼及阻止对手出刀这几个层面而言的。从前面的内容中我们可以看出，这当中基本缴械模式的掌握则是学练其他徒手对刀技法的基础所在。对于所有训练，我们认为实践者需要按照书中所述前后顺序来完成。在训练过程中，实践者首先应该把基本缴械模式的训练放到第一位，这之后才是进行其他徒手对刀的训练。

无论使用什么样的训练刀具进行练习，训练者都需要穿戴好防护用具，以保证训练双方的人身安全。这点最为重要，所以我们有必要特别强调、多次强调。下面我们着重谈一下防刀标准模式的训练。

首先是对每个防刀缴械模式进行单项训练。第一步要做的是攻防角色定位，然后放慢速度来“放大动作”进行练习，以期掌握其基本动作；之后可以逐渐提高速度，不断适应直至能够完成自然即为达标。然后双方互换攻防角色，再重复练习进行整体技艺的全面训练。这两步完成后，训练双方就可以针对训练内容进行攻防转换循环训练，即甲方缴械后攻击乙方，然后乙方缴械后再攻击甲方，如此周而复始针对某一模式进行对抗性循环练习。

在对十个基本防刀标准模式熟练掌握达标后，训练双方可对这些基本模式进行有序攻防转换训练，即训练者可以针对某几个模式做前后顺序的定性，然后双方按照这个人为制定的顺序进行一人攻击另一人防守的交替连续训练。

在经过一段时间的有序攻防转换训练后，训练双方可以进行无序攻防训练，即去掉人为制定的攻防顺序，做无序化训练，以此来进一步提高训练双方的应变能力。

最后说一下训练刀具的使用，其从总体上遵循一个软、硬、真的使用顺序，即开始使用橡胶类刀具训练，然后逐渐过渡到使用木质或金属质非锋利的模拟刀具，最后才是真实的开锋刀具的使用。但是，不管使用什么样的刀具进行对抗训练，训练双方在对抗练习过程中一定要“全神贯注”，切莫懈怠应付。否则，即便是着装相应的安全护具也可能会发生人身意外事故。我们训练防刀的目的在于掌握这些相应技术以用于现实自卫之中，而一旦在训练中出现意外事故，则违背了训练初衷。所以保证训练的安全性须确实贯彻于训练的始终。

截拳道概念语录节选——

对截拳道最好的比喻就像一根指向月亮的手指，千万不要误将手指当成月亮，更不可专注于手指而忽视天空其他美景。手指的作用，只是指引“光明”，至于你能获得多少，或者看得有多远，便全靠自悟与努力。

第五章　以刀防刀

动作示范：屠海荣（江苏扬州）

姚陈庚（江苏扬州）

在实际的街头冲突当中，在条件许可的情况下，我们更提倡持械自卫。这是因为持械自卫要比徒手对敌具有诸多方面的优势。武器可以弥补使用者身体素质、功力及技术的不足，可以增加使用者胆量与信心。所以面对体格强壮、技术突出、性情凶悍的敌人时，最明智的不二的选择就是拿起武器持械与之进行对抗。

武器的使用可以改变对敌双方的强弱，可以弥补单兵作战人员不足的劣势。械斗可以快速清除障碍，便于流水作业，即一个接一个地消灭各个目标。因而如果遭遇多人围攻时，拿起武器进行正当防卫绝对是最明智的选择。总之，在现实自卫中想要以少胜多、以寡敌众、以弱胜强，想要迅速结束战斗，那么只要条件具备就请拿起武器来与敌人对抗到底！

本书选择以“短刀”防刀来全面讲解持械自卫防刀。实践者持短刀应对入侵者的短刀攻击是谓以刀防刀。那么，为什么要特别选择“以短刀防刀”而不选择用其他冷兵来全解持械防刀呢？原因主要有下面几方面。

第一，短刀形质多样且方便于随身携带与隐匿，这个内容在前面的章节中已经讲过。在现实冲突中，如果实践者暗藏一把小刀用于自卫应急，且冲突时能够及时出刀对敌。那么早一秒钟拿走武器，就可能早一秒钟脱离险境，多一份生还的希望。相反，就有可能失去逃生的机会，失去健康与生命，失去一切！

第二，短刀技术是现代实用冷兵常规短器械技术的浓缩与表征，诸如虎爪刀、手刺类的一些防身武器完全可以套用短刀中的某些相关技术。

第三，短刀的替代物随处可见，如一支笔、一双筷子、一把勺子等都可以临时充当短刀来御敌。当然，钢锉、铁尺、菜刀类的器具用作短刀更是不在话下。笼统地说，任何轻重适手、便于单手把持、长度不超过小臂的条状器物均可作短刀之用。

第四，承接于本书前半部分徒手对刀的内容，如果实践者在街头自卫中能够把对手的短刀缴械为自己所用，即反过来用于对付对手。当然，在多面受敌的危境中，这绝对是一件让实践者求之不得的事。不过，具体的短刀运用还是需要专门培训的，如此才能将短刀的对敌作用发挥至极限程度。

第一节　械斗原理

本书前面的章节中涉及了许多双方持械相搏的相关内容，但相对比较零散。这里我们对械斗做专门性的总结，以此统带本章以刀防刀相关的内容。

一、械斗的概念

械斗是持械格斗的简称，使用原始工具（冷兵）的敌对行为统统称作械斗。在大规模火器出现并应用于战场前，械斗是战争的主旋律。时至今日械斗仍属于职业军人不可或缺的作战手段，短兵相接是解决生死问题最有效的方式。总之，械斗是消灭对手快速、简洁、最有效的动作行为。

二、冷兵的概念

一切可以加强肢体武器强度与延长攻击距离的器物均可以视作冷兵，带锋刃的冷兵称之为锐器，不带锋刃的冷兵则称为钝器。

冷兵并非单纯指那些诸如刀剑棍棒这些约定俗称的现成武器，许多日常生活用品与劳动工具同样也可以用于防身自卫，比如菜刀、剪刀、斧头、锤子、手锯、油灰刀、螺丝刀、酒瓶、烟灰缸……这些器物一旦掌握在有相当程度冷兵修为的人手中，在真实的打斗中将会发挥出意想不到的防身自卫作用。

另外，武器也可以临时制作，条件是事先需要具备足够的时间与相应的器材，比如可以把长一些的细竹子磨尖成长枪，把短一些的细竹磨尖成为手刺或短刀等。总之，只要你肯动脑筋，用不完的武器就在你身边！

三、械斗原理

冷兵是手的延伸与加强，所以冷兵运用的技术原理和徒手搏击并无本质区别。但是，械斗与手搏也有不同之处。冷兵特别是短刀类的冷兵极具“锋芒毕露”与“沾身即伤”的特征，这就决定了械斗行为一击必杀性。真正的冷兵技术绝无花哨可言，真正的械斗也不会久战不决。

人体的运动是靠筋膜连接肌肉带动骨头而实现的。因此筋膜或肌肉被切断，人体的运动结构立即就被破坏了。在格斗中强调，如果实践者手持利器能够切断对方持械手臂内侧的筋，那么对手就无法抓握武器了。现实当中，当实践者持械对阵歹徒的时候，可以把攻击集中到以下要害：

（1）打击或割断对方的屈肌筋，破坏对手的抓握能力。

（2）打击或割断对手的二头肌、三头肌，破坏对手的协调能力。

（3）割断对方膝关节上的股四头肌，或打击对手前腿膝关节、小腿，破坏对手的运动能力。

（4）攻击对手上述筋或肌肉附近的神经或血管。

同动近取，杀前锋手，断爪夺兵，回环攻击，是持械格斗的金科玉律。但凡械斗，例以对方前锋手为首选攻击目标。对手前手长出身外，我方借机击之，此乃以长制短，以有余欺不足，同动之下，近取必得手。手既伤，其必弃械，对方手臂伤且无冷兵可用，我方武器在手。实为我为刀俎，人为鱼肉，胜券在握!

无论国之内外，冷兵诸技，概莫能外。无论是先声夺人的抢攻，还是后发制人的阻击，明此理、知此法者，定能在格斗中占于先机立于不败之地。

四、械斗心法

当械斗不可避免的时候，可以说实践者面对的就是地狱之门。双方必将有人倒下，或是自己，或是对手。这里必须根除一切犹豫，任何怯懦都无济于事。这里不需要任何借口，也不需要讲任何道理，更不需要做行动之外的任何解释！唯一可以选择的就是胜利还是失败，或者说是生还是死。换句话说，要么击败对手要么被对手击败，要么消灭对手要么让对手消灭。

当械斗不可避免的时候，请杜绝犹豫，当机立断付诸行动——勇往直前才是正确之举。千万不能心慈手软，存妇人之仁，那样会贻误天赐战机，这无异于伸着自己脖子等着对手来宰割。

第二节　防御技法

在第一章中我们已经强调过，持刀格斗最主要体现的是攻击。在实战中扮演被动角色等待对手攻击，然后予以防守再反击的理念绝对是一种不切合实际的想法。因为这样做往往容易招致中刀，甚至会被对手杀死。然而，事事并非如我们所愿。某些时候我们由于多种原因没有能够在对手发动进攻前做到抢先攻击，如此只能用短刀防御技法来应对对手的冷兵攻击。

一、有效防御

无论是攻击的五区划分还是动态的防御五区的划分，其最主要的优势就在于简化与整合技术。对于攻击技法而言，可据此把落在某一区域内的所有攻击归结为一类即该区域的攻击。相类似，我们也可以用相同自然的防御反应来应对某一区域内的所有攻击。这些自然的防御反应共同构建了简单有效的防御体系。

那么，什么是有效的防御动作呢？如果对手持刀攻击你，你所采取的一些措施能够闪避或阻止对手的攻击即是有效的防御。这也是在持刀格斗中应该牢记的第二个基本原则，我们可以回想，第一个原则是尽量避免卷进械斗。如果不能逃避格斗，那么就不能挨刀。但是，前边我们已经强调过，持刀攻击是刀搏的主旋律。任何能够使你免于受到攻击的动作都可认定为有效的防御，不可否认，那些能够给对手带来伤害且让你免于受到对手伤害的攻击也当属于有效的防御。

在持刀格斗中，持刀手与身体要害同等重要。如果你能伤及对手的持械手，那么这会令对手的攻击大打折扣，本章第一节中的“杀前锋手”就是这个意思。在菲律宾武术中也有类似的说法，即去除对手的武器如同“蛇口拔牙”。尽管这看起来相当的危险，但如果按照同动近取理念来操作，实际正确运作起来却是有惊无险。基于这一原理，我们把攻击对手持械手定为械斗的第三个原则。

二、杀手式防御

在实施“杀前锋手”这个第三原则的时候，存在三种可能性。

（一）遭遇式防御

遭遇式防御指的是，实践者直接用武器攻击与对手的持械手做迎面碰撞，虽然对手的攻击仍然处于原定的攻击路线上，但攻击行程因阻挡而停止下来。这个内容类似徒手格挡，二者不同在于遭遇式防御是用武器直接作用于对手的肢体，而徒手格挡则是用肢体与对手武器或肢体来接触的。

当实践者右手持刀面对对手，对手右手持刀对实践者区域一进行割削时，实践者可以用短刀直接实施对其持械手腕的攻击，这样做的实质就是实践者的短刀与对手持刀手臂迎面“遭遇”碰撞（图5-1~图5-4）。遭遇式防御的优势在于双方运动方向相对，实践者的短刀与对手持刀手遭遇时杀伤效果突出。如果对手攻击势头猛烈，对手在受伤的情况下仍

图5-1

可以借助运动惯性按其原定攻击路线运行，所以在用短刀攻击到对手持械手后，要再用自己的非持械手挡一下来抑制其持械手的惯性运动。遭遇式防御的不足之处还表现在，有的时候实践者会进入到对手的内围，正好处于非持械手的攻击范畴内。

图5-2

图5-3

图5-4

同样，实践者也可以用遭遇式防御应对朝向自己二、三、四区的攻击（图5-5～图5-8）。

图5-5

图5-6

图5-7

图5-8

（二）交错式防御

交错式防御指的是，实践者移到对手攻击路线以外，与此同时用短刀攻击到对手的持械手，对手的攻击仍然按原定路线进行。交错式防御可以与徒手格斗中的让位攻击相类似。

对手仍然右手持刀做区域一割削，这时实践者稍稍后退，上身让开对手的短刀攻击，使对手的攻击仍然按其原定路线进行，当对手与实践者在身前错位时，实践者用自己的短刀对其持械手腕进行割削（图5-9~图5-13）。交错可以如同遭遇一样大力度攻杀对手的持械手腕，由于对手在受到实践者的割削后仍按原定路线运动，其势必整个身体会扭转至实践者的体侧。由于后撤让位于对手攻击路线之外，所以也就不存在遭遇防御的不足之处了。实践者在成功割削对手持刀手腕后，可以顺势进身到对手持刀手后去控制对手，从这个位势发出的进攻往往让对手无所适从。当然，交错式防御中，实践者可以用非持械手辅助自己的短刀对对手的持械手或手臂的攻杀，这个内容就是后边我们要讲到的安全抑制。

图5-9

图5-10

图5-11.

图5-12

图5-13

同样，实践者也可以用交错式防御应对朝向自己二、三、四区的攻击（图5-14～图5-20）。

图5-14

图5-15

图5-16

图5-17

图5-18

图5-19

图5-20

（三）跟随式防御

跟随式防御指的是实践者自己首先移到对手攻击路线外，对手攻击按原定路线运行，当其与实践者交错而过后，实践者再用自己短刀追击对手的持械手。跟随式防御可以与徒手格斗中的让位和追击相比照。

当实践者右手持刀面对对手，对手右手持刀对实践者区域一进行割削时，按后退、上半身闪让对手攻击，使其攻击落空，却仍按原路线向前错过。接下来对对手持械手的攻击与交错有所不同，一是，需要实践者用反手割削代替正手割削攻击对手；二是，攻击目标是对手持械手背面而不是持械手臂内侧。换句话说，实践者对对手的持刀手的攻击是顺着其攻击路线“跟随追击”形成的（图5-21~图5-26）。由于不是正面“碰撞”，所以跟随式杀伤效果没有遭遇与交错好，但是，由于在割削对手手腕时，实践者的体重与动量已经向前蓄势待发，可借此快速接近对手，对其暴露出来的要害进行攻击。跟随式防御特别适用于对长、重武器的攻击化解。

图5-21

图5-22

图5-23

图5-24

图5-25

图5-26

同样，实践者也可以用跟随式防御应对朝向自己二、三、四区的攻击（图5-27 ~ 图5-32）。

图5-27

图5-28

图5-29

图5-30

图5-31

图5-32

当然，上述防御技法是以防御对手攻击区域一为例进行详细解说的。当这些短刀的防御技法反应当对手攻击其他区域的时候，在具体实施细节上可能会出现不同。但是，一定相同的是遭遇式防御是正对用自己短刀攻击对手持刀手；交错式防御是让位的同时攻击对手的持刀手；跟随式防御是对手攻击过位后追击对手的持刀手。

从理论上讲，这三类防御技法直接可以应对针对区域一至四的攻击，对于针对区域五的攻击，实践者只需稍作变化即可换化为对区域一或二的防御上来。三类防御应对五区进攻，只需要十五个具体的基本防御技法几乎就可应对正面的所有攻击。

三、身法与步法在防御中的应用

街头自卫是一个动态过程，单纯地从静态定位来启动短刀防御技法去应对流血的冲突往往是不足够的。实践者必须融步法及防御策略等相关元素或理念于防御技术中才能应急于复杂多变的街头冲突，同时还应该学会把防御与反击有机结合起来，如此才能做到更好地保护自己、打击对手。这其中最简单的例子就是，实践者把对手对自己第五区的攻击换位到其他四区上进行防御，这个换位过程中需要步法与身法的配合运用。实践者首先是步法移动到攻击者外围，把对手的五区攻击换位到三区防御上来，最后对对手的反击则是通过身体的扭转来加强攻击力度的。

在第一章第三节中，我们已经对基本步法技术进行了讲解。在进行短刀防御技法训练的时候，实践者需要不断把步法元素切实地整合到防御技术中来。在实施遭遇式防御技法的时候，最经常配合的步法就是三角步，向前上方斜进一步来逃避或阻塞对手的攻击。在实施交错式防御技法的时候，多伴随着身体向后稍稍直线退步或者斜向退步。相对而言，跟随式防御技法的实施则须在向后退却的瞬间再向前直线或者斜线步法配合。这些配合短刀防御技法的步法实际上并没有多少复杂性可言，实践者完全可以通过练习把步法练到与使用双手一样的纯熟程度。一旦实践者能够做到“心想步到”，即可以很自然地通过步法把自身移动到利于自身的攻防位势上去，那么无论攻防，你都将感受到“从容不迫”是个什么样的内涵了！

步法是从“宏观”上调节敌对双方的距离与角度的，但是在某些情况下，比如脚下有障碍物的时候，则会对步法的具体运用造成困难，如此便制约了实践者的移形换位。对于这种情况，实践者可以通过“微观”的身法变换来调整与对手对峙的角度，进而弥补特殊情况下的运步维艰的不足。

身法的具体运用在短刀防御技术实施过程中大体可起到三方面的作用。一是，实践者与对手间的距离基本没有变化的情况下，实践者通过自己上身倾斜、扭转的形式将自身置于对手的攻击路线之外。其优势在于既能导致对手攻击落空，又能使自身没有脱离开攻击对手的有效距离，即能够在原位对对手实施反击。二是，在交错与跟随式防御技法实施当中，身法的运用还能起到“蓄势”的作用，如此增加攻击的力度。三是，实践者在身法与步法配合的情况下，把自身置于对手的攻击路线上，在对手发动攻击之初来阻塞对手动作的形成。例如对手欲做反手攻击区域二，实践者可以身法、步法配合，快速抢入对手攻击轨迹中，在对手启动攻击的时候，以遭遇式防御割削对手持刀手臂外侧来阻止对手的攻击。

实践者无论是单纯通过步法或身法，还是通过身法与步法的联合来变换自己与对手间的对峙角度，都应该尽量置自己于对手的身体外围，即需要把自己移到对手两手臂外侧，最好是把自身移动到对手持刀手臂的外侧。因为在这个位势上，对手想要使用非持械手攻击到你，其非持械手需要跨越持械手臂，然而这样做起来对于普通人来说却是相当困难的。换言之，是对手自己的持械手挡住了自己非持械手朝向异位的攻击。相对比较而言，实践者尽可能不要把自己置于对手内围。否则，实践者即使是闪让了对手短刀的攻击，也有可能主动地把自己置于对手的非持械手的“炮口”下。不过话说回来，如果你能够伤及对手的持械手，相对而言，受伤的对手多数情况下是无暇顾及其非持械手的使用。在这种取得优势的情形下，则无所谓置身于对手内围还是外围了。

第三节 感知攻击

想要有效地防御住对手的进攻，实践者必须能够在对手发动进攻的起始阶段，及时识别对手的动作意图并做出正确的反应来应对，此内容对应感知速度这个术语。实践者可以通过个人技法演练与攻防实战训练来提高自身对对手动作意图的识别与反应能力，即感知速度。下面我们通过几个相关的细节，来具体讨论一下在实战自卫中实践者应该如何提高自身的感知速度。

首先，可以通过留心对手身体的某些关键部位来快速识别对手持刀攻击意图。既然是持刀对搏，所以实践者往往更多的是关心对手的短刀与持刀手，然而，这并不能够为自己带来快速反应对手攻击的优势。相反，如果实践者把注意力集中到对手肩部，就能够通过对手的持刀手臂肩部收紧或倾斜这类的微小动作预知对手的攻击意图。这是因为短刀任何的攻击动作都起始于持刀手肩部肌肉收缩，其力的传导方式犹如鞭击从根到梢，节节贯通至肘、达腕最后显形于手。持刀攻击时肩的动作虽然不是特别显现，但是实践者完全可以通过对镜观察自己持刀攻击动作，或与陪练者的专门实战训练获得捕捉对手肩部轻微动作的能力。

其次，观察对手的下意识习惯动作也可以快速预知对手的攻击意图。有一些对手在发动进攻前经常做一些下意识的习惯“小动作”，比如收手蓄势类的相关动作等。实际上，通过对对手这些习惯性小动作的观察也能提前预知对手的攻击。所以，想成为个中高手，实践者就应该力求剔除这些不良习惯动作，以防止由此使自己攻防的意图外泄。大多数情况下，格斗选手是通过保持手臂与肩膀不断晃动的形式来掩盖自己下意识习惯动作的。无疑，这给对峙者感知其攻击意图会带来诸多困难与不便。但是，这不等于说就不能预知对手的图谋。在这种情形下，实践者则须把注意力更多地集中到对手持刀手臂的肘关节上，通过对其持刀手肘的观察，获得判知对手行动目的的信息。这是因为肘关节介于手与肩中间，对手实施短刀攻击之时其动作显现于手，真正形成攻击动作之前，其速度却是手部即短刀形成实质攻击时的一半。所以，从理论上讲，对肘关节动作的捕捉也不是什么难事。只需实践者在训练的时候多多留心与注意这个环节罢了。请牢记，专题化的实际对抗训练是解决诸多难题的最佳途径！

另外，实践者也可以通过留意对手双脚的动作来洞察对手的攻击意图。一般来讲，对手首先需要通过步法前移的形式进入到有效的攻击范畴，然后才是实施短刀攻击。无疑，从移步前行到出刀攻击在时间上存在着细微的先后顺序，所以实践者如果能够正确地预知对手移步前行，也就在很大程度上清楚了其攻击意图就在当下。那么，实践者又如何才能做到快速地判断对手向前的步法移动呢？对于一些缺乏技巧的对手来说，他们迈步前移时大都需要把重心首先移动至后腿，然后才是向前的迈步。基于这个动作细节，实践者通过训练，可以通过对其髋关节的移动来捕捉对手步法向前移动信息的。一旦实践者捕获到这样一个信息，此时什么也不要考虑，唯一要做的就是攻击，用自己的短刀攻击对手离你最近的部位。因为这个时候，对手的全部注意力都在攻击启动之上而无暇顾及来自外界的攻击。

再有，就是一些对手在启动攻击前习惯于用眼光来定位一下所要攻击的目标。无疑，这也能够暴露出其攻击意图。所以对于这样的对手，实践者完全可以通过对其目光所指来预知对手的攻击部位，进而在对手出刀前制订出正确的应对方案。

不可否定，实践者可以通过对对手持刀手的肩、肘和双脚及目光的动态信息的捕捉，在其发动攻击前或攻击的前半段来感知对手的最终攻击目的。但是，实践者如何用自己的一双眼睛全面捕捉到所有的有用信息呢？答案是用目光盯紧对手躯干部位，其余部位则用周边视觉虚位以待。把目光集中于对手躯干部位特别是胸部，能够使得实践者容易捕捉到离其最近的肩与肘的运动，而对于对手目、髋、足的监测则需要用周边视觉泛泛笼罩即可。自信而平静地将目光集中于对手躯干部位，不但利于对对手的一举一动的信息捕捉，而且能够避免与对手对视把自己的恐惧心理由自己双眼暴露出去。既然有多余习惯动作的攻击在攻击前易使动作意图泄漏给对手，那么实践者完全可以借助目光盯视对手躯干这一行为来误导对手。即目光注视其中盘，突发攻击对手其他部位。相对而言，这一举动往往会令对手始料不及，如此自己就能够占尽先机。实践者可以通过攻击人形靶或用软质橡胶训练刀具进攻陪练者的形式来强化这种战术运用。这里要声明的是，尽管泛视没有注视那样目光敏锐、咄咄逼人，但是，泛视在对动作的捕捉上同样是极具非凡效果。

持刀对搏当中，短刀是攻防的主体武器。实践者对于对手短刀应该时刻留意其行踪。一旦你与对手的冷兵失去了联系，那么当你再次看到它的时候，那就有可能是自己被其刺中或穿透之时。

这里我们仅对对手出刀攻击感知内容做了上述相关讨论，但是，这并非意味着在持刀对搏当中就没有拳脚发挥的余地。因为街头冲突是无规则的，对手完全可以在出刀攻击前用腿法攻击你的下盘或用拳法攻击你的头面。持刀对搏并非单纯用刀，这在第一章中我们已经强调过。所以在与对手持刀对搏过程中，实践者不但要有应对对手刀攻的思想准备，还须具备应对对手肢体武器攻击的心理准备。另外，实践者也不应该固定用刀技来防御对手的一切进攻。比如对手在使用短刀攻击之前，可以用低位腿法攻击实践者的裆部，这个时候如果实践者用短刀去割削对手的攻击腿，那么在矮身防御过程中就有可能把自己的上盘暴露给对手，进而有可能遭到对手的致命攻击。还有，在防御对手攻击的时候也会出现失误招致中刀。一旦出现这种情况，实践者应该舍车保帅即用非致命部位代替身体薄弱要害，把伤害程度降至最低。最常见的就是用前臂外侧做挡箭牌来承受对手的攻击。

具体到感知训练，一般来说实践者需要进行大量的对抗性练习获得。这里仅介绍一组最简单的训练战例。

甲方（左）攻击乙方（右）的区域一，乙方遭遇式防御然后顺势攻击甲方区域四，甲方遭遇式防御然后正劈乙方的头面，乙方交错式防御承接攻击甲方区域一，甲方遭遇式防御然后顺势攻击乙方区域四（图5-33 ~ 图5-46）。

图5-33

图5-34

图5-35

图5-36

图5-37

图5-38

图5-39

图5-40

图5-41

图5-42

图5-43

图5-44

图5-45

图5-46

第四节　安全抑制

攻击对手的持刀手臂是防御对手刀攻最主要的技战术，所以对于对手的任何短刀攻击，实践者都可以用此来瓦解对手的攻势。但是，单纯的攻击对手手臂的防御技法有时并不能完全制止住对手的进攻势头。比如，对手持相对大而重的刀具进行攻击，实践者用小而轻的短刀做防卫的时候，即使实践者用短刀实施遭遇式防御技法割削到对手进攻的持刀手臂，由于运动的惯性作用，对手的武器仍然有可能会沿着原定路线攻击到位。为了更好地保护自己，在实施短刀防御技法的过程中，需要同时用自己的非持械手配合或者跟进，对对手持刀手臂进行控制。这种用非持刀手去控制对手持刀的形式就是安全抑制。

所谓安全抑制，简单地说就是实践者用非持刀手对对手的持刀手做格挡、扫拢来阻止对手按原定路线进行攻击。在实施防守反击时候，安全抑制多数情况下会起到瞬间搁置对手持刀手的作用。安全抑制在不同的短刀防御技法中的使用有所不同。在实施遭遇或跟随式短刀防御技法过程中，实践者更多的是用非持刀手尾随自己的短刀去控制被短刀攻击到的对手的持刀手臂。换句话说，实践者的短刀防御式攻击与非持刀手的安全抑制二者运动路线相同，区别仅在时间的先后，即一个在前一个在后。在短刀交错式防御过程中，短刀防御式攻击与非持刀手的安全抑制路线正好相反，这个时候，实践者的非持刀手的抑制作用在于引导对手的持刀手向自己的短刀靠拢，使得用于交错式防御的短刀更加容易地攻击到对手的持刀手。

实践者为了增加杀手式防御的安全性，经常用安全抑制手法与其同行。通常来说，把这种配合了安全抑制手法的杀手式防御称为标准的杀手式防御。

在某些特殊情况下，除非首先止动与定位对手的持刀手臂，否则实践者是没有机会用自己的短刀将其击中。止动与定位则需要实践者用自己非持刀手的手或前臂外侧以格挡或扫拢的形式去控制对手持刀手或前臂。但是，无论用什么部位去接触对手持刀手或前臂来完成抑制，其整体动作都应该做到快速、有力。乏力、持续地推挡绝对不会起到抑制对手的作用，这个时候，对手只需要很简单地收回持刀手，即能顺势反攻击中你用于抑制的非持刀手。

欲对对手施以连续不断的反击，持久控制住对手的持刀手很是必要。这个时候安全抑制就需要变化成持续的抓拿。即用你的非持刀手抓住对手持刀手臂不放，以期阻止对手的短刀攻击，同时用自己的短刀对对手做接二连三的攻击。这里有一个关键要点需重复提醒大家，就是抓拿对手的持刀手的时候，要尽可能用自己的四指控制对手的持刀手的拇指，如此就能完全掌控对手。如果不能做到对对手持刀手拇指的控制，那么抓拿对手时也至少需要尽量靠近对手持刀手腕，以期能够最大程度限制对手的持刀手的活动范围。如果抓拿对手的部位是其持刀手前臂，那么对手只需要轻轻旋转手腕即能做到搅刀，伤及你抓拿他的那只手。当然，这一点我们在前面的章节已经提及，之所以在此重复，目的只有一个，就是引起大家的重视！另外，在抓拿对手的过程中，实践者还可以同时施以拖拽、推送手法来增加对手的对抗难度。

如果实践者在抓拿对手持刀手的时候不能完全抑制对手，感觉到对手实施旋腕搅刀，那么请尽快松手来逃避攻击。不幸的是，由于人的占有欲作怪，许多人往往即使感觉到对手短刀已经接触到自己手腕，仍然死抓不放，其结果肯定就是想占小便宜却吃大亏。

相对于抓拿对手的持刀手腕而言，抓扯对手的衣袖、认领与衣襟也不失为一类相当高效的控制对手的手段，这些都是街头冲突中最常见到的内容。不过这需要一个前提，即对手手中无器械。用抓扯对手的衣袖、认领与衣襟的方式来抑制对手的效果是经过实践证明了的，所以，实践者也需要从防御角度出发找到切实的方法或手段来应对被对手抓扯衣袖、认领与衣襟。毋庸置疑，不被对手抓到是再好不过的想法了，实践者可以快速后退同时用短刀直接攻击对手用于抓拿的非持刀手即可。当自己衣服真的被对手抓到了，实践者需要把非持刀手护在身前，用短刀朝对手的肋、颈、头面发动攻击，阻止对手的接近。如果这样做没能使得对手远离自己，那么实践者可以用短刀对其抓拿手肘内侧进行割削或是对准其肱二头肌与肱三头肌的交汇点用力猛刺来应对。但此时绝对不要用短刀去割削对手的手腕与手指，这是因为，在近身混战之中如此很有可能会伤及到自身。

第五节　御后反击

如果实践者已经掌握了本书迄今为止所讲授的技战术内容，那么在很大程度上就能够提前识别对手的攻防意图，可以确实有效执行“杀手”式防御技法来应对对手的持刀攻击。如果你运气十足的话，则可能击中对手的持刀手，令其撒手扔掉武器后就能够结束战斗；如果你运气尚好的话，可能有机会用一把足够大的刀斩断对手持刀手臂，进而结束战斗。然而，现实情况并非都是如我们所愿。通常情况下，在击中对手的持刀手臂后，实践者仍需要做接续攻击，来更深入地解除对手的攻击力。

在国外一些冷兵流派的训练中，经常看到一次防御性割削过后接续多次割削或戳刺的反击情景。而在防御方急风暴雨般的反击过程中，陪练人员始终保持着肢体伸展状态等待或承接防御方来完成预定攻击项目。不可否认，这种训练能够体现对对手攻击防御后的连续进攻。但是，现实持刀对搏却并非如此。因为任何一个参与械斗的人，在持刀手臂中刀之后都不会一动不动等着对手来宰割。一旦械斗的实践者意识到自己中刀，那么，他就会本能做一些诸如撤回手臂这样类似的动作以减少自己再次中刀，如果对手能够在中刀后保持冷静的头脑，他不但能够脱身而逃，甚至在伤势无大碍的情况下还可以重新投入战斗，并且攻击势头可能会比其中刀前更猛烈。

基于上述事实，我们可以定论，在防御性攻击得手之后，通常能做到接续一次反击；如果实践者动作速度足够快的话，也可能完成二次反击。本书在此借用射击中的专业术语“双发快射”来具体讨论与讲解持刀对搏防御后反击。

根据双发快射概念，在每次与对手接触“冲撞”过程中，应该努力做到连续攻击对手两次。第一次割削部位应集中于那些中刀后短时间非致命的次要攻击目标。大多数情况下，这个次要目标指的是对手的持刀手或手臂。第二次攻击对手时则需要瞄准对手的主要攻击目标，即那些中刀后令对手非死即残的人体要害。当然在自卫过程中，实践者第一次得手后的第二次攻击也可以选择对手非致命的要害部位。毋庸置疑，这样可减少流血伤亡，利于社会和谐。

双发快射全面掌握需要做攻、防两个角度的训练。

从单纯的防御角度上来说，第一次的割削性质当为遭遇、交错或跟随式短刀防御技法。当然，这其中也少不了非持刀手实施的安全抑制的配合。安全抑制在此除了有保护自己的作用外，另外的作用就是人为制造对手防守上的空当为第二次攻击对手做准备。

从攻击角度上来说，双发快射实施则能够减少实践者攻击之时被对手击中的风险。第一次攻击目标仍是次要攻击目标而非致死要害，其意在于桥接对手与制造对手防守空当，为第二次致命攻击做铺垫。从这个意义上当归属渐近间接攻击法之列。在持刀对搏中，短刀是主要攻防武器，但不是唯一武器，实践者应时刻不能忘记自身肢体武器的攻防性能，这一点我们已经在前面的内容中多次提到。这里仍须强调一下身体武库配合双发快射的使用。也就是说，用于打开对手防守空当的第一次攻击并非就一定用短刀来实施。诸如拳打、脚踢的任何有效的肢体攻击都可以引发短刀实施的第二次攻击。相应地，用肢体武器执行第一次攻击的双发快射在持刀对搏中往往起到相对突出的攻击效果。原因是对手注意力主要集中在你手中的短刀上面，如果你突发拳脚类的肢体攻击则会使对手始料不及。如此通过肢体攻击撕开对手的防线，进而能够顺利地用短刀完成置对手于死地的第二次攻击。

至于在双发快射中所要攻击的目标则需要根据实际处境来决定，比如双方所处的位势、双方各自的攻防角色等。然而无论攻击目标如何变化，其中不变的就是用第一次攻击引发第二次攻击，尽量减少两次攻击间的间隔以提高攻击效率。为了实现这个目标，实践者所要做的就是用第一次攻击的结束动作启动第二次攻击，即第二次攻击因第一次攻击的形就势而发。这有点类似打台球，即每一个动作都要为下一个动作做引导或铺垫。

现在我们举例说明这个问题。如果对手持刀割削你的第三区域，按照双发快射的模式，你首先要做的是用刀尖向下割削对手的持刀手腕来完成遭遇式防御，与此同时紧跟非持刀手的安全抑制。将用于第一次防御性攻击的短刀置于自己的左肩附近，并使刀尖指向对手。实际上这既是第一次攻击的结束，也是第二次攻击的开始。非持刀手的安全抑制将对手的短刀置于他的第四区域内，相应地就造成了其第二区域暴露，而你的短刀此时正处于自身上盘蓄势待发的状态。诚所谓势具锋到（万事俱备，只欠东风），第二次攻击得手绝对是理所应当的事了。

借第一次攻击的形，就势地发动对对手的第二次攻击，是双发快射实施的重要规则。但扇形攻击（相关内容请参见《循序渐进 截拳道全面短棍训练教程》）却是一个例外。一个完整扇形攻击的两个攻击组成部分分别应对双发快射前后两个攻击动作，那么这两个组分间的关系也就无所谓因形就势了。这是因为扇形攻击动作速度相当快，其包含了两个攻击动作的一个整体招式，用时往往比两个前后衔接相当合理、相当紧密的攻击技法要少得多。

当对手攻击实践者的第二区域内要害的时候，实践者可以用短刀做遭遇式防御割削对手的持刀手臂，接下来非持械手做安全抑制拍压对手的持刀手的上臂，同时收刀于自己的右肩前。这种情况下对手处于背势，实践者可以顺势攻击对手头面要害或中下盘要害。

当对手攻击实践者的第一区域内要害的时候，实践者可以用短刀做遭遇式防御割削对手的持刀手臂，接下来非持械手做安全抑制格挡对手的持刀手臂，同时收刀于自己左髋前面；然后顺势反手攻击对手右侧腋下要害。

当对手攻击实践者的第四区域内要害的时候，实践者可以用短刀做遭遇式防御割削对手的持刀手臂，同时用非持械手手心向上做安全抑制格挡对手的持刀手肘，同时收刀于自己右肩前面；然后顺势正手攻击对手头面要害。

当对手攻击实践者的第五区域内要害的时候，实践者可以侧身置于对手持刀手外侧，然后沿用处置防御针对第四区域的方式来处理。

本节所述战例，其实在前面章节已经提及，现在再次论述，只在于解释因形就势，对应双发快射连续攻击。

第六节 反击防御

反击防御是指实践者发起进攻的时候，对手进行防御，针对其防御进行反击。举一个通俗的例子，比如你用短刀攻击对手的时候，对手可能用手加以格挡，反击防御技术能使你对对手的格挡动作做出快速反应，并在对手实施其防御时攻击到对手。

大多数反击防御开始于对手对你持刀手的格挡或控制。当这种情况出现时，没有经过训练的人最常见的自然反应无非两种，一是抽刀换势回撤，如此处置虽然双方各自归零，可以重启格斗，但是自己发动的攻击受阻，既浪费了时间与体力，又不利于整个战事发展的导向。二是与对手发生强硬对抗，试图强行穿越对手的防线，用短刀攻击到目标。然而这种做法也是不可取的！

首先，能够成功穿越对方的防线击中对手的可能性不大。对方既然第一时间就让你止动了，那么他也能够继续阻止你的进入。其次，当对手用非持械手对你的进攻进行防御的时候，他的短刀很可能处于蓄势待发的状态，如果实践者太过专注于强行让受阻技术重新发挥作用，就有可能忽略对手与你接触对抗外的进攻。

这里我们要提醒大家的是，无论对手如何防御你的短刀进攻，在这个过程中其必然会暴露出相应的空当来。所以，实践中应该尽可能寻隙顺势而为再做深入进攻，这比与对手做持续硬性对抗或是重启攻防更划算。

一、拐弯抹角反击防御

当你看到对方空当，以右手持刀攻击对方区域一内要害脖颈的时候，非常不走运，对手发觉到了你的攻击意图，他抬起左手挡住了你的进攻。尽管你的攻击被对手格挡住了，但是由于敌我两手臂碰撞到一起，这就意味着你的短刀与对手的手臂近在咫尺，只需用短刀贴着对手的手臂向下做快速拖拽割削就可以了。可能的话，再配合用自己的非持刀手对其用于格挡的手臂加以由内向外的压旋控制，则会提高短刀割削质量，即使需要短刀更加深入其臂内（图5-47～图5-49）。

图5-47

图5-48

图5-49

当然，实践者也可以在被对手格挡的瞬间，持刀手沿其手臂下滑“拐弯抹角”地攻击对手的腋下要害部位（图5-50～图5-52）。

图5-50

图5-51

图5-52

二、“逗号剜割”反击防御

“逗号剜割”这个特殊收刀技术要求动作时拧转手臂、翻转手掌，把刺入对手身体的短刀从伤口里向外侧拖带进而收刀，如此就形成了始于原始伤口内部向外延伸而出的一个形如逗号的弧线伤口（图5-53～图5-55）。当然，逗号剜割用在这里不是用来收刀的，其目的在于反击对手防御。

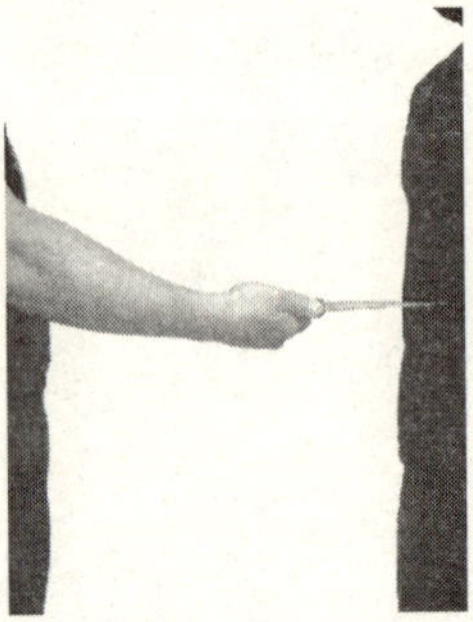

图5-53

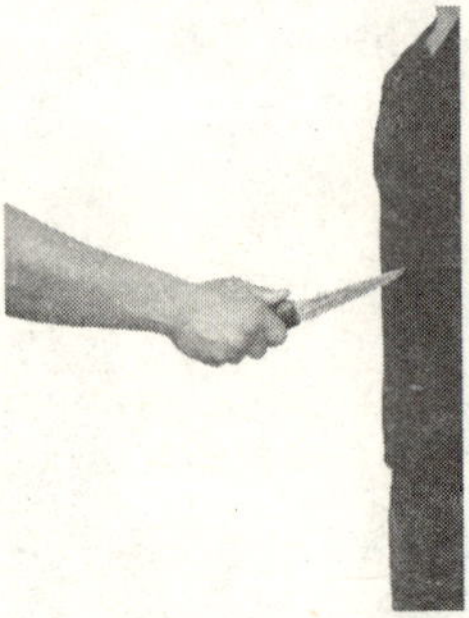

图5-54

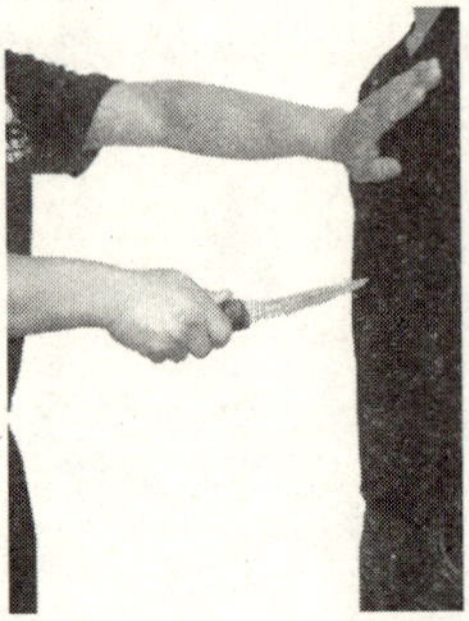

图5-55

实践者用右手正手持刀反手刺对手区域二内的要害时，对手眼疾手快，一下就用非持刀手挡住了你的进攻。这种情形下，千万不要与对手做硬性对抗，而应该用自己的非持械手由右向左拍拖对手的非持刀手，同时右手短刀做逗号剜割动作，当手掌由向上翻转至向下恰好能够用刀口抵住对手非持刀手腕，如此再接继一个反手割削动作就能永远结束对手做钢琴手的梦想。

当实践者正手刺对手区域一内的要害被对手用非持械手格挡防御时，其应对的反击对手防御的动作，与你应对反手刺被对手防御的动作相反，也就是二者互为镜像。此种情形下，用你自己的非持械手由左向右拍拖对手的非持刀手，短刀做逗号剜割动作时手掌由向下翻转至向上时刀口抵住对手非持刀手腕，最后用一个正手割削动作废掉对手非持刀手。

如果你手持的是双刃刀或者是刀背近刀尖锋利的单刃刀，在反击对手防御的时候，无需翻转短刀就可以直接对对手用于格挡的手臂实施割削。

反击防御需要与训练伙伴进行对抗练习，直至达到完全自动化程度为止。一旦实践者感觉到自己的持刀手被对方挡住，就应该不加思考地实施反击防御。这里有两点需要注意，其一是，在破坏对手的防御并割削对手用于格挡的手臂后，一定要把短刀收至一个合适的位置并使其处于蓄势待发的状态，以便于从更合适角度对对手继续进行攻击；其二是，实践者非持刀手控制对手用于格挡自己短刀进攻的手臂的时候，不仅要在割削时固定对手这条手臂，如果可能，还需在割削后继续对其手臂施压加以拖动，令其空当暴露利于连续攻击。

如同其他武术技法一样，短刀技法每一个攻防动作都存在相应的破解形式。那么当实践者防御对方进攻，对方以反击防御应对时如何处置呢？当你格挡或抑制对手持刀手的时候，一定要特别留心对手持刀手的任何举动，丝毫都不应该放过。这就需要通过训练培养一种超常的“细微”感觉能力。一旦你感觉到对手持刀手正趋于朝实施割削自己手臂方向移动，你或者快速撤回防御手或者用防御手猛然把对手的持刀手臂推开以避免被其割伤手臂。在用扫拢压旋来防御对手进攻的时候一定要注意这个问题，否则容易被对手反击防御所伤。

某些时候，实践者会发现自己不得不用持刀手臂来防御对手的刀攻。比如在一些高压环境下，你没有做到用短刀准确地伤及对手的持刀手，而是只用持刀手臂外侧格挡对手持刀手臂外侧形式抑制住对方的进攻。这种情形下仍然需要注意应对对手的反击防御，在与对手持刀手臂接触的瞬间，持刀手稍稍后撤，然后顺势直接用短刀向下割削对手的持刀手（图5-56~图5-58）。即使是对手速度非常快，他试图以割削实施反击防御，但是你成功割削到对手的概率仍然大于对手割削到你的概率。这是因为你割削对手的运动是一个双向运动，即沿对手反击防御割削方向让位的同时从另外方向上对其手臂加以伤害；相对而言，对手用反击防御的割削只是一个单向运动。

图5-56

图5-57

图5-58

如果在低位格挡对手攻击，那么你的短刀应该是刀尖向下，这种情形下要收刀向上割削对手的持刀手臂（图5-59～图5-61）。

图5-59

图5-60

图5-61

三、破解持刀手被抓

当你的持刀手被对手抓住时，也须对此实施反击防御。通过运用适当的技术手段迫使对手放弃对你的抓控，需要注意的是，请杜绝用蛮力与对方进行强硬争执。

如果对手在抓握你持刀手时具体位置离你的手不是太近，那么你就有机会通过旋转手腕的形式将自己短刀抵到对手的手腕上，进而顺势施加破坏以力求解脱。

第一种破解持刀手腕被控的方法。伸直被抓的手腕，使短刀与你的前臂垂直；接下来持刀手肘微屈并向后收，与此同时双膝稍屈矮身放低姿势，以此拉直对手手臂；然后借对手回拽之势向对手手腕上方以发拳的方式用短刀做割削（图5-62～图5-64）。由于这个时候刀口直接抵住对手手腕内侧桡动脉与关联手指的肌腱处，对手抓握你的力量越大、持续时间越长，对对手伤害程度就越深重。有的时候对手并不是一下就松开手，这是因为其伤痛引发痉挛。当对手关联手指的肌腱被割断后，其手指功能也就不会再起作用，此时松手是自然的事了。如果你感觉到对手放开对你的抓握，持刀手获得自由，那么就应该充分利用这个机会快速做反手割削，使得短刀的整个刀口尽可能深入其腕内以断筋伤脉。这种方法的不足之处在于，对手的冷兵处于自由状态，也就是你整个身体可能都暴露在其短刀的攻击范围之内。为了减少此风险，你可通过步法移到对手抓握手外侧，用对手抓握手做障碍物来阻止其短刀对你的攻击。

图5-62

图5-63

图5-64

对于上述破解技法还可以做如此的变化：用刀尖对准对手抓握你的手臂正面肌肉向上挑刺（图5-65 ~ 图5-67）。有可能出现的情况就是，向上挑刺的短刀从对手手臂右侧或左侧穿空而出。对此，实践者可以把刀口抵到对手手臂外侧或内侧，然后从上向下拖拽割削最终令其松手（图5–68 ~ 图5–74）。这种方法不足之处就在于，刀刃太长的刀实施起来困难一些。

图5–65

图5–66

图5–67

图5–68

图5–69

图5–70

图5-71

图5-72

图5-73

图5-74

破解对持刀手的抓握最关键的地方就是，旋转手腕时应该更有技巧一些，需要把刀尖或刀口抵在对手用于抓握你的手臂外侧或内侧，然后才是沿斜面割削到其腕关节的。如果时机得当、动作麻利的话，这样做是很容易从对手的抓握中解脱出来的。但是如果对方感知到你的意图或者把你的手腕抓握得相当紧，那么你就有可能不会那样容易地从对手的抓握中解脱出来。如果你手持的是单刃刀，你可以通过用非持刀手附着于短刀背面的形式协助短刀施压割削整体动作的顺利完成。当然，要想更安全地从对手抓握中把自己的持刀手解脱出来，还须将自身置于对手短刀攻击范围之外，前面我们已经提到可以用步法配合身法置身于对手身体外侧的形式获得。

用于破解持刀手手腕被抓握的方法中有两种最简单也是最易被忽视的方法。

其一，无论实践者的持刀手什么时候被抓，都不要忘记自身肢体武器的使用。实践者以自己以没被对手控制的非持刀手对准对手眼睛直接插刺也是最具效力的解脱方法之一（图5–75～图5–77）。

图5–75

图5–76

图5–77

其二，可以在对手抓握自己持刀手时将短刀交换至另外的那只手（图为左手）中，这样左手持刀顺势对对手手臂或要害直接发动攻击，对手即松手（图5–78～图5–81）。

图5-78

图5-79

图5-80

图5-81

上面所述的用持刀手旋腕割削，与把短刀交换至非持刀手破解持刀手被对手抓握的方法也适用于反手持刀被对手抓握破解。除此之外，我们提供一种专门用于反手持刀时破解持刀手手腕被对手抓握的方法。实践者首先用自己的非持刀手控制住对手用于抓握你持刀手的那只手臂，然后向对手手背方向旋转持刀手手腕，如果对手用右手抓住你的持刀手（右手）手腕，你需要顺时针旋腕（图5-82~图5-87）；如果对手用左手抓住你持刀手手腕，你则需要逆时针旋腕（图5-88~图5-91）。然后用你的短刀勾住对方的手背，最后完成撤步、坐身向后向下拉拽。如果你是用刀背勾住对手手腕背面的，那么在下拉过程中对手手腕被锁制而产生的疼痛足以使对手按照你的意图乖乖跪膝扑地；如果你用刀口勾住对方手腕背面拉拽，还能够致其出血性创伤。对手一旦倒地，你应该在留心对手持刀手的同时借机重创对手要害。

图5-82

图5-83

图5-84

图5-85

图5-86

图5-87

图5-88

图5-89

图5-90

图5-91

第七节　训练指南

以刀对刀的训练的目的除了深化与提纯技术动作外，还在于强化训练者实际打斗的反应能力。当训练者通过程序化的科学训练把反应对手短刀攻击的能力提升到自动化的水平后，一旦意识到有短刀朝自己袭击而来，就会不假思索地实施相应的动作加以应对，如此就能够大大提升自卫防身的效率。

用短刀防御短刀攻击意在突出短刀的实际攻杀凶险效用，所以实践者在训练过程中需要获得用真实刀具击物的切实感觉。当然，实践者是不可能对陪练人员痛下杀手的。为此，训练人员可以用人形靶、树木之类的训练器材或替代物作为真实刀具攻击的目标，来“真实”地体验一下短刀割削或刺入物体时的那种切实感受。

除了用真实刀具对静止目标做主动攻击练习外，还可以进一步用真实刀具对移动目标做攻防训练。让陪练人员持一根前端做过包棉处理的长棍对训练者进行攻击，训练者则可用真实的短刀对攻击而来的“长棍对手”予以毫不留情的杀伐。虽然长棍、树木、靶子不同于血肉之身的真人对手，但训练者在练习过程中一定要假戏真做，把它们想象成穷凶极恶的歹徒。面对“歹徒”攻击，作为防御方的训练者除了奋起反抗外则无他路可选！总之，模拟训练的情形越接近现实冲突，那么训练效果也就越好。在真实的自卫中你能够做到化险为夷、险境求生的概率也就越大。

对于短刀防御技法练习的掌握，训练双方可以对遭遇、交错与跟随三类防御技法逐一进行训练。

甲乙双方在进行遭遇式防御技法练习的时候，首先要定位好各自的攻防角色，然后两人从正面对峙开始进行攻防练习。攻击方用训练刀具对防御方依次按照一到五区顺序做间断性割削攻击，即割削攻击间存在着停顿；对于攻击方的每次割削攻击，防御方都用自己短刀施以遭遇式防御技法配合非持刀手的安全抑制来应对。开始的时候一定要放慢训练速度，以求正确的动作定型，随着训练的深入，可以逐步让攻击方把攻击间断去掉，慢慢提高训练的速度。在双方完全适应这种训练节奏后，可以通过无序攻击的形式增加训练的难度，然后仍是逐渐练习至完全适应为止。最后，攻击方可以把佯攻虚击加入到对防御方的无序攻击当中去，以期用更加复杂的攻击来提升防御方遭遇式防御技法应对水平。

仍需要重复强调的是，开始对练的时候，双方速度一定要放慢，如此才能利于动作正确定型。过分强调速度，只能是适得其反，令训练双方技法动作凌乱不堪，最终的结果是培养了训练双方一堆坏毛病。所以在训练中，一定要遵守循序渐进的原则。

在进行了一段时间的遭遇式防御技法练习后，训练双方要互换攻防角色来再次进行遭遇式防御技法的训练，以全面发展训练双方的攻防技术。

同样，训练双方可以按照上述短刀的遭遇式防御技法的训练程序，对短刀的交错式与跟随式防御技法进行练习，相关解说内容就此从略。

双发快射这个内容对应了以刀防刀的防御反击训练。双发快射区别于短刀防御技法单纯的防守，而是在防御的基础上再接反击动作。双发快射训练目的不仅仅是要训练者掌握防御与反击的配合诀窍，而且也能同时让训练者思考如何才能顺理成章反击到对手的某些特定要害部位。双发快射的总体训练方式与程序基本类同于短刀防御技法的训练，但其训练存在一种攻防对接式的训练，即甲方对乙方的进攻防御反击，乙方对甲方的反击再进行防御反击。如此周而复始地进行循环练习。这样能够同时培养训练双方的防御反击能力。

至于反击防御训练，读者可以参阅本章第六小节内容，按照循序渐进的原则，依照防御训练程序进行练习，在此不再做过多解说。

第八节　破解僵持

本书第四章第三节防御刺击中，已经着重讨论过针对双方四臂相互抓拿相互纠缠在一起的一些破解方法。实际上，在双方持刀对搏的过程中类似的僵持局面也时有发生。这里我们通过几组典型战例来为广大读者朋友示范如何破解双方均持有短刀的纠缠僵持。

方法一：当敌我双方处于僵持状态时，实践者可以快速松开对敌人持刀手的抓拿，双脚向对手非持刀手方向横向侧移；接下来用自己的非持刀手向上托拍对手持刀手上臂近肘关节处，与此同时持刀手臂向下猛拽，上下合力即可挣脱对手的抓控；然后顺势三角步移位到对手持刀手外侧，用自己短刀直刺对手三区内的腋下腰肋要害（图5-92 ~ 图5-94）。

图5-92

图5-93

图5-94

方法二：当敌我双方处于僵持状态时，实践者可以用类似徒手处理纠缠的方法把对手的短刀置于其持刀手臂下方，用刀口抵住对手前臂，然后实践者左手上拉对手的持刀手臂，右手下拽对方的非持刀手，用对手的非持刀手臂把对手的短刀从手里撬出来，一旦得手，即可采用类似方法一的形式挣脱对手对实践者持刀手控制，进而用短刀直刺其五区中线位置完成最后的攻击。需说明的是，后续类似方法一挣脱对手对实践者持刀手控制时，实践者用左手拍对手非持刀手臂的位置是前臂而不是上臂（图5–95 ~ 图5–100）。

图5–95

图5–96

图5–97

图5–98

图5-99

图5-100

方法三：当敌我双方处于僵持状态时，实践者在非持刀手抓紧对手持刀手腕的同时，持刀手逆时针外旋腕，最后用自己短刀的柄后端向下抵压对手非持刀手腕外侧桡骨处，迫使对手松手；接下来顺势直刺对手五区中线（图5-101~图5-105）。注意不要把解脱后的持刀手拉到离对手过于远的位置再反击对手，否则对手有足够时间来应对实践者的进攻。

图5-101

图5-102

图5-103

图5-104

图5-105

方法四： 当敌我双方处于僵持状态时，实践者持刀手由下向外、向上抬起，高于对手的非持刀手；然后实践者用持刀手由外上向其非持刀手前臂内下“骑”压，迫使对手松手。此脱手动作可以理解为一个逆时针轨迹。接下来实践者抬高对手的持刀手臂，针对此时对手的中盘出现的空当用短刀做反手攻击（图5-106～图5-111）。

图5-106

图5-107

图5-108

图5-109

图5-110

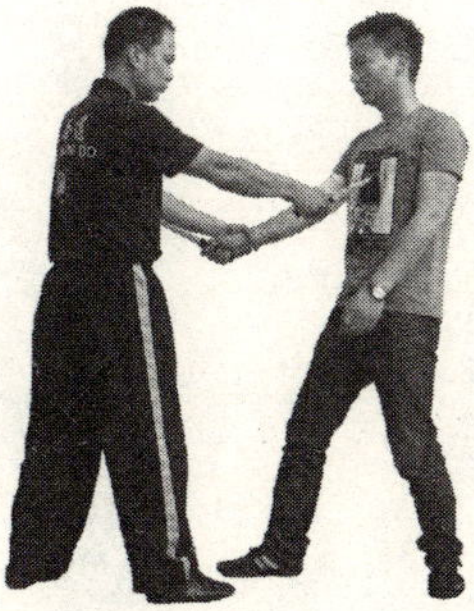

图5-111

方法五：当敌我双方处于僵持状态时，实践者左手前推对手持刀手于其右侧肋下，同时右臂向后拉扯致对手非持刀手臂伸直；右脚移到对手左侧稍远处，同时矮身下潜到对手非持刀手臂之下；然后挺身挣脱对手对自己持刀手的控制；接下来实践者左脚移到对手左脚外侧近处，以此脚为中心围绕对手旋身180° 置身于对手背后，左手控住对手的短刀不放并环臂围住对手中盘腰腹，用自己短刀刺对手右肾处，如果想放对手一马不取对手的性命，可以用短刀刺对手臂部来反击对手（图5-112 ~ 图5-116）。

图5-112

图5-113

图5-114

图5-115

图5-116

图5-116附图

方法六：当敌我双方处于僵持状态时，实践者右臂下拽，迫使对手跟随下降；然后实践者右膝上抬，从内上向外下“骑”压其非持刀手前臂，迫使对手松手进而实践者持刀手脱离对手控制；最后实践者顺势用短刀反击对手（图5-117～图5-121）。

图5-117

图5-118

图5-119

图5-120

图5-121

由于双方均持有短刀，所以在破解之时要充分利用武器，特别是要用自己手中的武器即短刀来伤害对手，以此加速摆脱对手的纠缠，尽快解决战斗。这是区别于前面章节中利用对手武器或自己肢体徒手破解对手持刀纠缠的地方。

上述战例都是假设实践者占尽先机，首先启动来破解僵持的。如果在对手首先启动的时候，那么实践者又当如何应对呢？下面我们看两组典型战例。

战例一：当敌我双方处于僵持状态时，对手欲用力挣脱实践者的抓拿手直刺实践者中线要害，实践者感到自己力量抵不过对手，于是身体稍稍右转闪让对手的攻击，同时左手引导对手攻击手臂置于自己右腋下；用右臂把对手的持刀手用力夹在自己的右腋下，然后左臂从对手双臂之下上穿环抱对手双臂，用左手从外侧扣住对其左肘，同时右臂用力向下拽，从对手的抓拿中挣脱出来；最后左右手配合左臂扤抱住对手被拉直两臂来控制其动，右手刀刺击对手左肋（图5-122～图5-128）。

图5-122

图5-123

图5-124

图5-125

图5-126

图5-127

图5-128

战例二：当敌我双方处于僵持状态时，如果对手首先采用方法六的形式，用其右膝“骑”压实践者非持刀手前臂来解脱对其持刀手的束缚；这时实践者只需要抓紧对手持刀手臂不放向前快速进步，同时非持刀手紧抓对手持刀手不放上扬推送其右膝即可令对手失衡倒地（图5-129～图5-131）。

图5-129

图5-130

图5-131

虽然对手抢动在前，增加了对抗难度，但我们仍然可以对其攻击采取因势利导的策略加以消解，在顺势而为的基础上寻隙反击。这是应对对手抢动破解僵持的关键所在。

截拳道概念语录节选——

截拳道的技巧犹如没有圆，动也犹如未动，紧张也犹如松弛，能观察外物之生息，而又全然似不注意，无任何的目的，无任何有意识的算计，没有期盼没有预先——简言之，如婴儿般的率真，而又充满机谋与敏锐的智慧。

第六章 技理圆融

动作示范：李 硕（河北沧州）
乔 峰（河北唐山）

日常生活中真实的自卫防身情况相当复杂多变，可以说是不以实践者的意志为出发点的。用一句话总结，即一切皆可发生。出于这个原因，我们从武器本身的使用情况对一些实战特例做一专题总结。这个专题包含两方面的内容，即实践者非短刀类武器的使用与对抗对手不同类别刀具的进攻。但是无论使用什么样的武器，或是应对什么样的武器进攻，其对战的基本原理都是不变的，变化的只是实践者需要用变通的思想把这些技理从不同的角度融会贯通到现实当中去。

第一节 酷棍对刀

在现实自卫当中，实践者徒手对刀当属于不得已而为之的无奈之举。为防患于未然，实践者若能够携带便利武器应急于对抗对手的短刀攻击，相对而言，这要比空手赤膊对抗冷血利兵更具效果。那么实践者除了短刀外，还能够以何种或者说是什么样的自卫物品用于对抗短刀为最佳选择呢？这里我们建议大家使用甩棍。

甩棍收缩闭合时体积相当小，既方便于随身携带，也可以直接握在手中用于直接对敌；当甩棍展开放长时就是条不折不扣的短棍，此时若用于对抗短刀就能够占据以长制短的优势，毋庸置疑，这是更利于防身自卫的。不过话又得说回来，短棍技法自有其个性之处，若想在对敌之时能够做到熟练运用，还需要实践者平时付诸努力，其训练内容实践者可参考本人作品《循序渐进 截拳道短棍全面训练教程》一书。基于此，我们结合前面所讲到的防刀技能，在此着重向实践者介绍一种更加小巧、隐蔽的防身自卫武器——酷棍用于对抗刀攻，其形同于收缩状态下甩棍。如果现实生活中，实践者没有酷棍带在身边，也可以用什么记号笔或签名笔等的类似物品来替代。当然，这些替代物的攻防模式与酷棍攻防绝无二致。

与甩棍比较，酷棍是公安非管制用品，这也是我们此章设题的一个重要原因。

一、酷棍介绍

酷棍最早出现在菲律宾武术与日本空手道中。酷棍有多种叫法，比如钥匙棍、古巴藤、掌棍、笔形棍、战术棍等。它是一种日常防身用品，最初的使用者以女性、学生居多。

酷棍的结构简单，就是一个长度比一次性筷子还短的小棍子，其质地多为木质或是金属（图6-1）。一般酷棍的长度在12~16厘米左右，直径在10~16毫米之间。酷棍的最大特点就是体积小、重量轻、容易携带、方便伪装。对付一些粗心大意的对手，实践者的酷棍攻击往往会大出对手意料之外，易于在首次攻防接触时获得优势。

图6-1

实践者对酷棍的把持，通常以拇指辅助的冰锥式为常见。酷棍的攻击不是以穿透为主要目的，而是利用硬度和速度合一而成的冲击力去攻击对手。原始酷棍两端并不尖锐，这使得其攻击效果没有短刀那样高的致命概率，但是这不等于说用酷棍击中要害没有致命或致残可能性。当实践者用酷棍击中对手时，即使攻击到的对手部位不是薄弱要害，也会因为所有攻击力集中于一点，给对手身体带来极大的痛苦。这样也就限制或妨碍到了对手攻防能力水平的发挥。

二、运用示例

实践者持酷棍对阵对手的短刀攻击，仍然遵循前面章节所述的原理、法则与模式。不同的是对敌过程用酷棍来强化实践者的攻防能力。下面我们从五区防御角度来示范一下常见的酷棍对刀的应用战例，供广大实践者参考。为了能够使得图片更清晰，这里用收缩了的甩棍代替酷棍示范战例。

1. 对手持刀攻击实践者的区域一　实践者持酷棍对对手的持刀手臂做逆时针大于270° 扫拢，使得自身置于对手持刀手臂外侧，然后顺势用酷棍从对手的持刀手臂下面攻击对手中盘要害（图6-2~图6-6）。

图6-2

图6–3

图6–4

图6–5

图6–6

2. 对手持刀攻击实践者的区域二　实践者右手持酷棍向上高抬格挡对手的持刀手臂，然后顺势用酷棍攻击对手的头面要害（图6–7~图6–9）。

图6–7

图6-8

图6-9

3. 对手持刀攻击实践者的区域三 实践者右手持酷棍针对对手持刀手臂内侧实施打击，非持械手配合做安全抑制，然后顺势攻击对手区域二内的要害部位（图6-10~图6-13）。

图6-10

图6-11

图6-12

图6-13

4. 对手持刀攻击实践者的区域四　实践者左手手心向右上拦挡对手的攻击手臂，同时用右手所持的酷棍由上向下攻击对手的持刀手臂，令对手撒手弃刀，然后顺势攻击对手的头面要害（图6–14~图6–17）。

图6–14

图6–15

图6–16

图6–17

5. 对手持刀攻击实践者的区域五　实践者持棍手臂直接由上向左、向下、向右做270°逆时针扫拢，使得自身置于对手身体外侧，然后顺势从对手持刀手臂下方攻击对手上、中盘要害（图6–18~图6–21）。

图6-18

图6-19

图6-20

图6-21

如果对手的攻击路线不是太高，实践者可以用吞身的形式让位，同时用醋棍在水平方向上由右向左攻击对手的持刀手腕内侧，自己的非持械手由左向右拍击对手的持刀手背，二力合一，迫使对手持刀手腕内折撒手弃刀（图6-22~图6-24）。

图6-22

图6-23

图6-24

第二节　防御特殊刀具

在现实的防卫中，对手所持武器不见得一定就是实践者平时训练用的类似刀具，其刀具的形制与结构可能会超出实践者的意料。所以我们有必要专门对某些特殊的刀具或某些常见却不常用作武器的刀具攻击的防御作一讲解。

一、防御双刃刀

在日常生活中，以折刀为代表的单刃短刀最为常见。相比较而言，双刃短刀则可能就少见了一些 。这主要是因为双刃短刀至少需要一个刀鞘来携带，如此一来就让人感到特别的不方便。另外，双刃刀在学、练、用诸多方面也较折刀类的单刃刀有一些难度。但是少见不等于不存在，而且双刃刀中有一种类型还特别流行，这种流行于市面的双刃刀就是蝴蝶刀（特别注意一下，蝴蝶刀既有单刃刀身的，也有双刃刀身的，本书所提到的蝴蝶刀均假定为全是双刃刀，图6-25）。蝴蝶刀能够流行于市的原因不外乎两点，其一是由于其特殊的型制结构——刀柄与刀鞘合一，使得人们携带方便；其二是蝴蝶刀法非常花俏，吸引了许多玩刀的人。

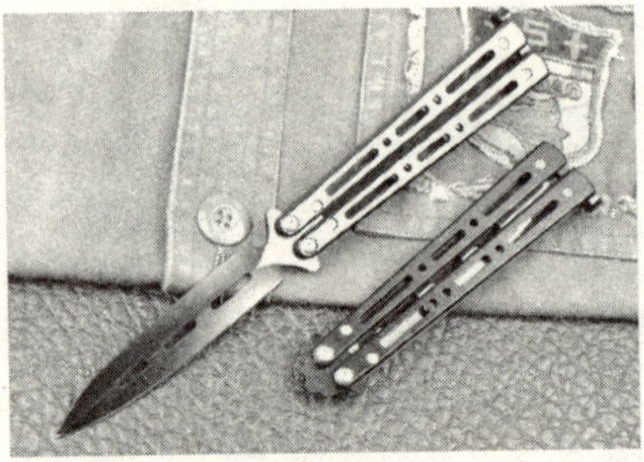

图6-25

虽然蝴蝶刀法花俏，但其本质的攻击形势仍然可以伤人取命。从总体上讲，本书所涉及的应对短刀攻击的原理与法则完全适用于应对蝴蝶刀的攻击。不过，实践者在具体实施应对蝴蝶刀攻击过程中则需要特别注意，即尽可能少地与对手的刀体相接触。否则，容易被对手的蝴蝶刀所伤。基于此，实践者应该以控制或击打对手肢体为主要实施方式，最好不要直接把自己的肢体抵压在蝴蝶刀上了。因为如果对手聪明的话，只需通过微微拧转持刀手腕的形式即可伤害实践者与之接触的肢体。

二、应对砍刀

凡是整刀长度不小于使用者的前臂长度的刀具均可以列为砍刀之类。现实生活中的砍刀，以菜刀、砍柴刀、西瓜刀及少数民族佩刀为代表。这些日常生活用刀，不属于治安管制刀具，然而一旦有人将其用作攻击武器，后果不堪想象。

砍刀区别于短刀，在于其体重、刀长，如此决定了砍刀的攻击力度大，攻击距离范畴广，攻击技法以自上向下的挥击类劈砍（对应于短刀的割削）为常见的特征。基于此，实践者在防御砍刀攻击的时候特别需要注意，自身前、后、左、右进退的距离不应该小于对手短刀长度加其位势变化的绝对值，否则，就有可能被对手刀伤。另外由于对手的刀沉力重，所以其动作惯性大，实践者无论是在徒手应对砍刀攻击，还是用短刀或其他武器应对砍刀攻击的时候，一定要注意这一点，尽可能不要硬接对手的攻击。运用技巧与对手接手，把对手的优势转化为自己的优势，如此才能使得战斗朝利于自己的方向发展。

（一）应对砍刀攻击区域一

当对手持砍刀自上向下挥击实践者的区域一时，实践者可以完全按照基本缴械模式一的方式予以处置。需要注意扫拢对手持刀手臂的时候一定要用力，使得对手的持刀贴近他自己的身体（图6–26~图6–31）

图6–26

图6–27

图6–28

图6-29

图6-30

图6-31

如果实践者手中持有短刀类的利器，可以用杀手式遭遇防御技法直接攻击对手的持刀手或手臂，但这里一定要用标准的防御技法即杀手要与非持械手的安全抑制配合起来运用。否则，由于对手攻击惯性非常大，对手的持刀手即使中刀，但其手中的砍刀也可能按原定路线运行，仍可能击中实践者。

当然，实践者也可以用交错或跟随式防御攻击对手的持刀手或手臂。另外实践者更不能忘记在自己防御得手后还需要顺势对对手做深入连续攻击。综合利弊优缺点，我们认为如果条件许可，实践者对付砍刀类的挥击时应该尽可能采用杀手式交错防御，即边闪让对手的攻击、边攻击对手的持刀手，如此能够提高自身的安全性。

（二）应对砍刀攻击区域二

当对手持砍刀自上向下挥击实践者的区域二时，实践者可以完全按照基本缴械模式九的方式予以处置。不同的是，此处可以省略左手的拍挡，直接启动右手的逆时针扫拢。需要强调的是，扫拢要用力，力求让对手的持刀手尽可能贴近他的身体（图6-32~图6-35）。

图6-32

图6-33

图6-34

图6-35

实践者用短刀应对的时候，可直接用标准的杀手式交错防御攻击对手的持刀手，然后顺势由上向下割削对手的中线要害。

截拳道概念语录节选——

学习绝不是模仿，也不是原有固定知识的累积。学习是一种过程，永远不终止地发掘！在截拳道里，我们只是去发掘我们不知道的东西，并不是把人家现成的东西给拿过来。

附录

防刀训练10周计划任务表

训练须知：

一、注意人身安全，这个要求在本书的各个章节都有强调。实践者在训练中最好使用模拟刀具，如果条件许可，可在有经验的老师指导下进行防刀训练。

二、其他内容参见《循序渐进 截拳道短棍全面训练教程》第一章第三节内容。

防刀训练10周计划任务表：

第一周训练安排

训练针对第二章内容。

要求：

1. 熟悉短刀的把持、携带及出刀形式。
2. 记忆短刀攻击要害部位及五区划分。
3. 掌握持刀对敌姿势（重点内容）。
4. 深化步法训练（重点内容）。
5. 掌握基本短刀攻击技术。

第二周训练安排

训练针对第三章内容。

要求：

1. 熟悉防御距离及五区防御概念。
2. 掌握徒手对刀的对敌姿势（重点内容）。
3. 掌握防御手法（重点内容）。

第三周训练安排

训练针对第四章内容。

要求：

1. 理解徒手对刀的关键理念。
2. 掌握徒手对刀基本缴械模式一至三（重点内容）。

第四周训练安排

训练针对第四章内容。

要求：

1. 掌握徒手对刀基本缴械模式四至六（重点内容）。
2. 掌握徒手对刀基本缴械模式七至十（重点内容）。

第五周训练安排

训练针对第四章内容。

要求：

1. 掌握基本防御刺技（重点内容）。
2. 重创式防御刀攻（重点）。

第六周训练安排

训练针对第四章内容。

要求：

1. 掌握地面防刀（重点内容）。
2. 复习第四章全部内容。

第七周训练安排

训练针对第五章内容。

要求：

1. 理解械斗原理。
2. 掌握标准的持刀防御技法（重点内容）。
3. 破解对手的防御格挡或拿腕（重点内容）。

第八周训练安排

训练针对第五章内容。

要求：

1. 掌握破解僵持技法（重点内容）。
2. 全面复习第五章。

第九周训练安排

训练针对第六章内容。

要求：

1. 熟习酷棍对手。
2. 掌握防御双刃刀。
3. 掌握防御砍刀（重点内容）。

第十周训练安排

全面复习所学内容。

联系沟通请扫描微信二维码。

后 记

不忘初心 方得始终

长期以来，我一直以截拳道与轨迹拳学作为自己武术研修的主体内容，后来又涉猎于中国传统武术及国外自卫术的研究。无论是截拳道还是轨迹拳学，区别于其他武术流派最重要的一点就是二者均强调武术运动共性的原理，而非是个性的技术。相对而言，其他武术流派更多的是用个性化的技术训练与运用来造就其门人弟子对武术共性原理的掌握。换句话说，不同的武术流派是用不同的方式方法成就自己流派的实践者的。然而，无论是从共性到个性，还是从个性到共性，其根本目的都是一样的，即塑造实践者的功夫上身。而实际上，实践者真正表达功夫是用自己的个性肢体动作展现武术运动的共性原理。一句话，武术原理横亘不变，只不过实践者个人的表达形式各异罢了。但是有一点需要注意，就是个性的肢体动作绝对不是门派根本所在，实践者千万不要在武术修习过程中“买椟还珠”。切记，不存在标准化的肢体动作，因为你、我、他各不相同！

总的来说，本书《险境求生 截拳道自卫防刀训练指南》与我先前出版过的《全真全能 截拳道徒手格斗训练》、《循序渐进 截拳道短棍全面训练教程》当属于我多年武术研修与训练的一个总结。这三本书在写作行文风格与内容安排上并非完全一致，其主要原因是三本书的创作不是集中时间突击完成的，不同时段的思维发散有所不同。《循序渐进 截拳道短棍全面训练教程》相关短棍攻防实战内容（包括原理、技法与训练方法）编排得非常详细，特别适合截拳道初学的实践者阅读与习练；本册《险境求生 截拳道自卫防刀训练指南》则注重对防范刀攻实用性技术分门别类，利刃之下，性命攸关，我们不得不从多方面着想下手予以应对；《全真全能 截拳道徒手格斗训练》注重武术概念与原理的全面性能，虽然主题仅限于徒手，但其所涉及内容却是相当广泛。如果从读者角度对这三册图书做完全阅读的话，我们认为按照短棍、防刀到徒手的顺序进行或许会有更好的防身自卫效果。当然这只是我们的建议，我们没有权力要求别人必须如何做，更多的主动权还是掌握在读者个人手中。

书中的武术理论与应对技法相互穿插交相呼应，利于实践者学练。虽然我们于此示范了大量的实例动作，但这些内容仍是非标准化的性质，极具有示范人员自身的个性色彩与元素。之所以这样做，目的只是为广大实践者提供一些切实可行的必要参考。当实践者真正获得武术真知识之后，完全可以创造符合自身特点的个性技法来，这样才算得上是自由表达自己。这正是李小龙所提倡的截拳道精神（思想）根本之所在。

这三本书的创作早在几年前就开始了。其间由于方方面面的原因，写写停停拖拉浪费了大量的时间，同时由于不同出版社的出版选题要求差异，也无法统一在一个出版社出版。不过值得欣慰的是，这三本书还是陆续得到了正式出版。这里我最需要感谢的就是老师的鼓励、朋友的支持、学生的配合，如此使得这些教程从形式到内容日臻完善。正所谓众人拾柴火焰高，无疑没有大家的关心帮助，就没有这些书的最终出版。向所有给予我帮助、予以理解的人致谢！感恩大家，无论过去、现在还是未来！

金无足赤，人无完人。由于水平所限，书中难免存在一些瑕疵和纰漏，真诚地希望读者朋友能够予以批评与指正。如此不但利于作者自身的提高与进步，而且利于书籍未来的完善修订。

乔峰

2017年3月

图书在版编目(CIP)数据

险境求生：截拳道防刀训练指南 / 李永坤主编. -北京：人民体育出版社，2017
(乔峰·健安体系丛书)
ISBN 978-7-5009-5181-0

Ⅰ. ①险… Ⅱ. ①李… Ⅲ. ①截拳道-运动技术-指南
Ⅳ. ①G852.191.9-62

中国版本图书馆 CIP 数据核字(2017)第 148668 号

*
人民体育出版社出版发行
三河兴达印务有限公司印刷
新　华　书　店　经　销
*
880×1230　32 开本　8 印张　193 千字
2017 年 11 月第 1 版　　2017 年 11 月第 1 次印刷
印数：1—5,000 册
*
ISBN 978-7-5009-5181-0
定价：30.00 元

社址：北京市东城区体育馆路 8 号（天坛公园东门）
电话：67151482（发行部）　　邮编：100061
传真：67151483　　邮购：67118491
网址：www.sportspublish.cn
（购买本社图书，如遇有缺损页可与邮购部联系）